崛起藝壇成一家梅君風韻
遍天涯弘揚國粹共善美粉
墨春秋綻奇葩

辛卯春
李嵐清

素描梅蘭芳

"百年巨匠"素描 / 李岚清 绘

百年巨匠

Century Masters

梅兰芳

经之　如辰 ◎ 编著

文物出版社

图书在版编目（ＣＩＰ）数据

梅兰芳 / 经之，如辰编著. —— 北京 ：文物出版社，2019.8
(百年巨匠)
ISBN 978－7－5010－5235－6

Ⅰ．①梅… Ⅱ．①经… ②如… Ⅲ．①梅兰芳（1894－1961）
－生平事迹 Ⅳ．①K 825.78

中国版本图书馆CIP数据核字(2017)第 225591 号

百年巨匠·梅兰芳

编　著	经 之 如 辰
总 策 划	刘铁巍　杨京岛
责任编辑	许海意
封面设计	子 旃
责任印制	张道奇

出版发行	文物出版社
社　　址	北京市东直门内北小街2号楼
网　　址	http://www.wenwu.com
邮　　箱	web@wenwu.com
制版印刷	天津图文方嘉印刷有限公司
经　　销	新华书店
开　　本	710×1000　1/16
印　　张	13.5
版　　次	2019年8月第1版
印　　次	2019年8月第1次印刷
书　　号	ISBN 978-7-5010-5235-6
定　　价	49.80元

宣传巨匠推广大师 为时代树立标杆

蔡武

文化部原部长 《百年巨匠》总顾问

文化精品创作工程包括重大出版工程、影视精品工程。《百年巨匠》就是跨界融合的一个重大文化工程，它深具创意，立意高远，选题准确、全面，极富特色，内容精彩纷呈，内涵博大精深，基本涵盖了我国 20 世纪这一特定历史时期在文学艺术方面的成就及其代表人物。它讲述的不仅仅是各位巨匠的传奇人生，更是他们的文学艺术成就同民族、国家，同历史、文化，同当代世界，同20 世纪风云激荡的年代，以及同人民的命运都是紧密相连的。他们的成就对整个社会产生了重要而深远的影响。因此，立足 21 世纪的当今，系统全面科学解读巨匠人生与大师艺术，有着特殊而积极的意义，是社会和时代的要求。

作为一个有影响力的文化品牌，《百年巨匠》的表现形式也是多样的。《百年巨匠》丛书和纪录片互动互补，是出版界与影视界的跨界合作与融合发展，形成了叠加影响和联动效应，进一步丰富和扩大了品牌的内涵和外延。在信息社会"四屏"时代，用这样的一种方式来表达重大深刻的主题，具有重大的创新意义，是对中华优秀文化传承发展进行创造性转化、创新性发展的成功探索。体现出强烈的历史感、时代性、民族性，具有鲜明的中国特色，必将产生深远的影响。

一个民族自立于世界民族之林，离不开民族的自信心与自尊心。而民族的自信心和自尊心有其思想基础和人文轨迹，即对民族文化的重要代表人物和优秀传统应当有比较全面的了解并进行广泛传播。一个国家的历史需要记录，文化艺术同样如此。《百年巨匠》丛书秉承文献性、真实性、生动性原则，客观还原大师原貌，以更为宏阔的历史维度对大师们所经历的时代给予不同视角的再现和解读，为读者开启一扇连接20世纪中国近现代文化艺术史的大门。

巨匠们的艺术成就、人生经历、精神高度，彰显了中华民族文化在这个时代所能达到的高度，不仅有文学艺术上和文化史上的价值，而且有人文思想美学上的划时代性贡献。《百年巨匠》可以增强我们的文化自信和实现中华民族伟大复兴的意志。

《百年巨匠》还有一个重要意义，它能够激励我们后来人砥砺奋进，勇攀高峰。这些文化艺术巨匠有着深厚的爱国情怀和强烈的民族责任感，他们将个人荣辱兴衰与国家、民族命运联系起来，用文化艺术去改变现实，实现理想。在新旧道德剧烈冲撞中，他们所表现出来的高风亮节是后来人的楷模。他们所传导出的强大正能量，会激励一代又一代广大读者，对促进我们整个民族新一代的教育与成长，有着非常重要的启迪意义。他们的精神是引领和鼓舞我们再出发的航标与风帆。

《百年巨匠》也给了我们很多的启示，可以帮助我们回答和破解"钱学森之问"。20世纪产生了那么多的大师，新世纪、新时期我们应该如何助推产生出新的大师？这些巨匠的成长轨迹给我们揭示了大师们成长的规律，如要深具家国情怀，要胸怀高远理想；要深深扎根于人民，与人民同呼吸共命运；既继承民族优秀传统文化，又要勇于创新；并以非常包容的心态去拥抱一切文明成果等。

《百年巨匠》仅反映了20世纪百年的文化形态和人文生态，我们应该把这个事业延续下去，面向21世纪。对艺术大师的发掘是通过他们的作品来体现的，而他们的作品既是中华文化的传承，又进一步丰富、创新了中华文化的构成。从这个意义上讲，宣传这些艺术巨匠就是弘扬中华文化。这些艺术巨匠作为中国名片，拥有较强的国际影响力，这一工程的推进，可以有效推动中华文化和中国出版走出去。不仅仅局限于艺术领域，还可以从广度上、外延上扩大至整个文化领域，甚至把科技、教育等领域的巨匠们也挖掘展示出来。

一个国家文化事业的繁荣与发展，既需要广大艺术家的努力，也需要大师巨匠的引领。宣传巨匠，推广大师，为时代树立标杆，无疑是我们责无旁贷的历史责任。巨匠之所以是巨匠，大师之所以能成为大师，是因为他们以具有强烈时代感和创新精神的作品站了巅峰。而他们巨作的背后，是令人钦佩的工匠精神，这种工匠精神的发掘和弘扬在当下具有重要的现实意义。同时，这百年的文学艺术史已有的众多成果，从学术上也要系统总结。而长期以来一直困扰我们的一大难题，就是如何把这些重要的学术研究成果进行转化和再创造，使之成为可被大众接受、雅俗共赏的精品佳作。从这个意义上讲，《百年巨匠》丛书的出版也是非常值得赞许的。

当前，我们的文化艺术事业虽然取得了长足的进步，但是相对于时代的重任，人民的厚望，尚有作品趋势跟风、原创性匮乏、模仿严重等问题，希冀大家在《百年巨匠》作品中得到更多的启迪和感悟。

我们国家正处在重要的历史时期，为我们文艺创作提供了丰沃的土壤和广阔的空间。中华民族的伟大复兴，呼唤一切有为的文艺工作者，为繁荣中国特色社会主义文化、建设社会主义文化强国，奉献毕生的才华和创作热情，将高度的社会责任感和历史使命感化作文艺创作的巨大动力，创作出无愧于时代、无愧于祖国和人民的优秀文艺作品，让我们这个时代的文艺创作异彩纷呈，光耀世界。

目　录

他一生扮演过180多个女性形象，有人说他是美的创造者，还有人说他就是美的化身，他是造物主精妙无比的杰作。

　　他生逢乱世，几度立于时代潮涌和时局变幻的浪峰，以巾帼的妆容站成一派不同寻常的英雄的姿态。他就是著名的京剧表演艺术家、旦角立派的第一人——梅兰芳。

　　"梅派艺术"是京剧发展史上的一座丰碑。在过去近一个世纪里，关于梅兰芳有着太多的传说，他的故事被许多电影文学作品和纪录片一次又一次地讲述。

《生死恨》剧照，梅兰芳饰韩玉娘

第一章 惊梦

幼小的梅澜，慢慢地成长，而他身边的世界也正发生着巨大的变化。就在梅澜出生后的几天，在遥远的鸭绿江边，日本人打了过来。又过了一阵子，就在梅家人给梅澜庆祝满月的同一天，日本人在大连的旅顺口发动了震惊世界的旅顺大屠杀。梅澜的幼年，就在历史环境的世事大变革中度过，宛如是一场惊梦。

初登舞台

《游园惊梦》是元代戏剧家汤显祖的代表作《牡丹亭》中的一折，讲述了官家小姐杜丽娘到南安府后花园春游，游倦归房，蒙眬睡去，与一个手持柳枝、口称到处寻她的少年书生柳梦梅在园中相会的情节，剧情亦真亦幻，唱词典雅优美，是中国传统戏剧的经典。《游园惊梦》也是梅派戏剧中的代表作，梅兰芳对这出戏非常喜爱，从1918年梅兰芳编创新版《游园惊梦》并首次演出，到1960年拍摄彩色电影《游园惊梦》，从舞台到银幕走过了42年的表演历程，也见证了梅兰芳一位京剧大师的成长历程。

京剧作为中国的国粹艺术形成于清代，清乾隆五十五年（1790年），为了庆祝乾隆皇帝80大寿，清廷召集在安徽、江苏、湖北等地演出的三庆、四喜、春台、和春四大徽班陆续进入北京，他们将安庆花部、湖北汉调、昆曲、秦腔的剧目、曲调和表演方法相互融合，又吸

沈蓉圃《同光十三绝》工笔写生戏画像

收了一些地方民间曲调，最终形成了京剧。有清一代，京剧深受宫廷和民众的喜爱，至同治、光绪以后尤其盛行，衍生出了老生、武生、小生、青衣、花旦、老旦、丑角等诸多行当，这幅由晚清画师沈蓉圃绘制的《同光十三绝》工笔写生戏画像，描绘了清代同治、光绪年间徽调、昆腔的徽班进京后声名远扬的 13 位京剧演员画面左上方有一位正襟

梅巧玲

危坐扮演萧太后的旦角演员，他就是在京剧形成初期著名的旦角演员 —— 梅兰芳的祖父梅巧玲。

清道光二十二年（1842 年），梅巧玲出生于江苏泰州一户从事佛像木雕生意的人家。其父梅天材在梅巧玲 8 岁那年过世，其母迫于生计将其过继到一户江姓人家，后 11 岁时又被贩卖给福盛班学戏。

那个时候京剧正在快速发展。梅巧玲对于学戏很有感觉，没过多久就在梨园行内崭露头角，且人缘极好，被认为是四喜班最重要的旦角演员。由于他戏路子宽，花旦以外，昆旦和青衣他都很是在行，在表情、身段、神气、台步以及扮相等方面均有很大的创新，观众对他的表演也非常肯定，被后世誉为"京昆俱佳、扮相俏丽、台风清新、念白文雅脱俗的第一代京剧旦角演员"。有人说，就连他的念白都很亲切动听，令人回味无穷，在票友中流传着"堂会里缺了梅巧玲则举座不欢畅"这样的说法。

梅巧玲享名后，在京城宣南的李铁拐斜街 45 号（今铁树斜街 101

号)购置了寓所,名"景和堂"。这是一所两层小四合院,梅氏全家住前院。

梅巧玲膝下育有两子。长子梅雨田,极具音乐天赋,作为一名琴师,鼓锣琴弦无不精通,尤擅胡琴,曾为伶界大王谭鑫培操琴多年,有着"六场通透"的美称。次子梅竹芬,先学老生,后改小生,最后承乃父衣钵,唱青衣花旦,因为他的唱法极似梅巧玲,长相也酷似父亲,故有"梅肖芬"之称。

清光绪八年(1882年)农历十一月初七,梅巧玲故于李铁拐斜街45号,这一年梅雨田17岁,而梅竹芬只有10岁。来自梨园界内外的许许多多各色人物都参加了梅巧玲的葬礼。整个北京城都知道到了胖巧玲走了,四喜班的同事们一个个都哭得非常伤心。戏迷们更是难过,他们知道再也看不到、再也听不到梅巧玲的《雁门关》《二进官》

梅雨田

梅竹芬

《长生殿》了。

梅巧玲对同行朋友讲义气、重情义的故事，在京城梨园界传为佳话，也一直影响着梅家的后人。

又过了十二年，清光绪二十年农历九月二十四（1894年10月22日），就在这一天，北京李铁拐斜街，梅竹芬的家里响起了一个孩子的啼哭声 —— 梅家迎来了一个大喜事。22岁的梅家二爷梅竹芬第一次当上了爸爸。孩子的母亲叫杨长玉，他的外祖父是当时的著名京剧武生有"活武松""活石秀"之称的杨隆寿，他的大伯就是"六场通透"的著名琴师梅雨田，这个孩子就出生在这个京剧世家，他就是后来中国京剧的一代宗师、世界级的戏剧表演艺术家 —— 梅兰芳。

这时的梅兰芳还不叫梅兰芳，家里人都管他叫作群子；很快，家人又给他起了正式的名和字，他的名叫梅澜，字畹华。

幼小的梅澜，慢慢地成长，而他身边的世界也正发生着巨大的变化。就在梅澜出生后的几天，在遥远的鸭绿江边，日本人打了过来。又过了一阵子，就在梅家人给梅澜庆祝满月的同一天，日本人在大连的旅顺口，发动了震惊世界的旅顺大屠杀。梅澜的幼年，就在历史环境的世事大变革中度过，宛如是一场惊梦。

在梅澜刚刚3岁时，他的父亲去世了。据说，梅竹芬是因为操劳过度，猝然离世的。那一年，梅竹芬年仅25岁。父亲去世后，梅澜由他的大伯梅雨田照料。这几年，梅家的生活并不平静。在北京城里，光绪皇帝的戊戌变法开始了，又很快以失败而收场了！这一年，梅澜开始上学，读的是旧式的私塾，地点就在北京的百顺胡同里。以当时的行业风气和社会习惯看来，子承父业，一直是梨园行的规矩，梅澜没有太多的选择，很快他就开始学戏了。

那个时候梨园行形成了一个很独特的群落，大家相互之间或多或

杨长玉

少都有那么一点关系，要么师徒关系，要么亲戚关系。梅澜的第一个老师是朱小霞，曾是梅巧玲的弟子。梅澜开始了学戏生涯，那一年他8岁。在那时学戏都是这样的：师父高高坐着，神色严峻，手里永远拿着一个叫戒方的板子，用来惩罚不用功想偷懒的学生，旁边拍着腿板，打着锣鼓。

朱小霞教梅澜唱的第一出戏是《二进宫》。虽然只是四句简单的老腔，但却花费了朱小霞相当长的时间，梅澜始终学不会，达不到老师的要求。过了一段时间，失望至极的朱小霞丢下一句"祖师爷没给你这碗饭吃"给梅澜就悻悻而去，再也没来教他。他所说的祖师爷就是被称为"梨园之祖"的唐明皇李隆基。

梅家上下大失所望：难道这个京剧世家唯一的后代真的不是唱戏的料？难道曾经名扬京城、风华盖世的梅巧玲后继无人了？

然而，在学习的道路上，梅兰芳并没有被挫折击倒，而是继续前行。就这样，梅兰芳遇到了他的第二位老师吴菱仙。吴菱仙是"同光十三绝"名旦时小福的弟子，他曾在梅兰芳祖父梅巧玲的"四喜班"里待过许多年，梅巧玲为人忠厚仗义，待班内演员都是照顾有加，人称"义伶"。有一次，吴菱仙家里遭到意外，急需用钱，可是兜里又没有，想跟别人借，又不好意思开口，正在走投无路、进退两难的时候，被梅巧玲知道了。梅巧玲想帮他，又不能当着诸位同仁的面让他难堪。有一天他找到一个机会，远远地扔过去一个小纸团儿，口里说着："菱仙，给你一颗槟榔果吃！"槟榔是一种水果，可以清热润喉。一颗槟榔果，就跟一个小纸团那么大小。吴菱仙把所谓"槟榔果"捡起来，打开来一看，原来是一张银票。吴菱仙怀着对梅巧玲的无限敬重，在梅澜的教育格外上心，誓要将他培养成材。

当时的吴菱仙50岁左右，他很注意保护梅澜。接手梅澜后，每天早晨五点钟，他就把梅澜叫醒，带他去喊嗓子。喊嗓是很使劲地："咿 ——""呀 ——"要把嗓音喊出来。孩子的声带很稚嫩，喊得不得法就会"横"掉，声带充血，声音嘶哑，很可能就唱不了戏了。喊嗓子之前先要遛弯，从南城"八大胡同"一带遛到城墙脚下，或者是城外的窑台，也就是陶然亭一带，当时那里比较空旷。这一通弯遛下来，一般要半个多小时。吴菱仙通过遛弯，使得梅兰芳身体活动开，促进血液循环，然后再沉气开声，去喊嗓，就不容易受伤，比较安全。

在每一天的早晨，吴菱仙安排的第一节课，除了喊嗓外，还要练白口，比如《宇宙锋》的引子："杜鹃枝头泣，血泪

少年梅兰芳与启蒙老师吴菱仙

暗悲啼。"同以前一样，梅澜学戏学得很慢。然而吴菱仙却一点也不着急，非常耐心，一招一式，一板一眼，翻来覆去地教。那时教戏师傅手里都拿着一块木条"戒方"，这是拍板用的，也是用来打学生的。当时梨园弟子学戏，挨板子是家常便饭。然而梅澜即使学得再慢，吴菱仙也不打。吴菱仙手里的戒条，只用来拍板，始终没打过梅兰芳。

吴菱仙主动去教梅澜，不厌其烦，教戏之余，还经常找时间把祖父梅巧玲的故事讲给梅澜听，告诉他祖父曾经在台下如何钻研，台上

百年巨匠
Century
Masters
梅兰芳
Mei
lanfang

幼年学戏的小伙伴（前排左起：刘砚芳、姚玉芙、梅兰芳、王春林；二排左起：曹小凤、孙砚庭、姜妙卿、迟玉林；后排左起：罗小宝、姚佩兰、姜妙香、朱幼芬）

如何光彩，激励年幼的梅澜奋发学习，不辱祖先。

吴菱仙教给梅兰芳的第一出戏是《战蒲关》，这是一出生、旦合演的经典京剧剧目，讲的是汉将王霸镇守蒲关，为胡英围困，粮草断绝，无奈之下，杀妻犒军的故事。吴菱仙除了像一般青衣老师一样讲授唱腔和念白以外，还将青衣初步的基本动作如走脚步、开门、关门、手式、指法、抖袖、整、提鞋、叫头、哭头、跑圆场、气椅等身段动作融会其中，每个动作他都要求学生反复做，直到准确熟练为准。在吴菱仙的精心教诲下，梅兰芳进步很快，不仅学会了《战蒲关》，还先后学会了《二进宫》《三娘教子》等共 30 余出戏。

农历七月七日是中国传统的乞巧节，相传是牛郎织女相传的日子，牛郎织女的故事家喻户晓，各戏班每逢这一天都会上演《天河配》。1904 年 8 月 17 日恰好是光绪三十年七月初七，北京的斌庆社戏班，按照老例要在广和楼茶园贴演应节灯彩戏，剧目有《天河配》和《长生殿》。广和楼茶园，即后来的广和剧场，位于北京的前门外，始建于明末，曾为京城最早最出名的戏楼，与华乐楼、广德楼、第一舞台并称为"京城四大戏园"。吴菱仙为了能给梅澜寻找一个登台锻炼的机会，便去与班主商量让梅兰芳在昆曲《长生殿·鹊桥密誓》中串演织女一角，班主倒也爽快，一口应允。

这一天年仅 10 岁的梅澜装扮齐整，由 50 多岁的吴菱仙抱着登上了茶园内的鹊桥布景，带着几分羞涩，几分兴奋投入了他人生的第一次演唱，也从此开启了他 50 多年的舞台生涯。

开蒙老师吴菱仙

——梅兰芳自述一

我家在庚子年，已经把李铁拐斜街的老屋卖掉了，搬到百顺胡同居住。隔壁住的是杨小楼、徐宝芳两家。后来又搬入徐、杨两家的前院，跟他们同住了好几年。附近有一个私塾，我就在那里读书。后来这个私塾搬到万佛寺湾，我也跟着去继续攻读。

杨老板（小楼）那时已经很有名气了。但是他每天总是黎明即起，不间断地要到一个会馆里的戏台上练武功，吊嗓子。他出门的时间跟我上学的时间差不多，常常抱着送我到书馆。我有时候跨在他的肩上，他口里还讲民间故事给我听，买糖葫芦给我吃，逗我笑乐。隔了十多年，我居然能够和杨大叔同台唱戏，在后台扮戏的时候，我们常常谈起旧事，相视而笑。

九岁那年，我到姐夫朱小芬（即朱斌仙之父）家里学戏。同学有表兄王蕙芳和小芬的弟弟幼芬。吴菱仙是我们开蒙的教师。我第一出戏学的是《战蒲关》。

吴菱仙先生是时小福先生的弟子。时老先生的学生都以仙字排行。吴老先生教我的时候，已经五十岁左右。我那时住在朱家。一早起来，五点钟就带我到城根空旷的地方，遛弯喊嗓。吃过午饭另外请的一位吊嗓子的先生就来了，吊完嗓子再练身段，学唱腔，晚上念本子。一整天除了吃饭、睡觉以外，都有工作。

吴先生教唱的步骤，是先教唱词，词儿背熟，再教唱腔。他坐在椅子上，我站在桌子旁边。他手里拿着一块长形的木质"戒方"，这是预备拍板用的，也是拿来打学生的，但是他并没有打过我。他的教授法是这样的：桌上摆着一摞有"康熙通宝"四个字的白铜大制钱（当时的币制是银本位的，铜钱是辅币。有大钱、小钱的区别，兑价亦不同。这类精制的康熙钱在市上已经少见，大家留为玩物，近于古董性质）。譬如，今天学《三娘教子》里"王春娥坐草堂自思自叹"一段，规定学二十或三十遍，唱一遍拿一个制钱放到一只漆盘内，到了十遍，再把钱送回原处，再翻头。有时候我学到六七遍，实际上已经会了，他还是往下数；有时候我倦了，嘴里哼着，眼睛却不听指挥，慢慢闭拢来，想要打盹，他总是轻轻推我一下，我立刻如梦方醒，挣扎精神，继续学习。他这样对待学生，在当时可算是开通之极；要是换了别位教师，戒方可能就落在我的头上了。

吴先生认为每一段唱，必须练到几十遍，才有坚固的基础。如果学得不地道，浮光掠影，似是而非，日子一长，不但会走样，并且也容易遗忘。

关于青衣的初步基本动作，如走脚步、开门、关门、手势、指法、抖袖、整鬓、提鞋、叫头、哭头、跑圆场、气椅这些身段，必须经过长时期的练习，才能准确。

跟着又学了一些都是正工的青衣戏，如《二进宫》《桑园会》《三娘教子》《彩楼配》《三击掌》《探窑》《二度梅》《别宫》《祭江》《孝义节》《祭塔》《孝感天》《宇宙锋》《打金枝》等。另外配角戏，如《桑园寄子》《浣纱记》《朱砂痣》《岳家庄》《九更天》《搜孤救孤》……共约三十几出戏。在十八岁以前，我专唱这一类青衣戏，宗的是时小福，老先生的一派。

吴先生对我的教授法，是特别认真而严格的。跟对待别的学生不同，他把大部分精力都集中在我身上，好像他对我有一种特别的希望，要把我教育成名，完成他的心愿。我后学戏而先出台，蕙芳、幼芬先学戏而后出台，这原因是我的环境不如他们。家庭方面，已经没有力量替我延聘专任教师，只能附属到朱家学习。吴先生同情我的身世，知道我家道中落，每况愈下，要靠拿戏份来维持生活。他很负责地教导我，所以我的进步比他们快一点，我的出台也比他们早一点。

我能够有这一点成就，还是靠了先祖一生疏财仗义，忠厚待人。吴先生对我的一番热忱，就是因为他和先祖的感情好，追念故人，才对我另眼看待。

吴先生在先祖领导的四喜班里，工作过多年。他常把先祖的逸闻逸事讲给我听。他说："你祖父待本班里的人，实在太好。逢年过节，根据每个人的生活情形，随时加以适当的照顾。我有一次家里遭到意外的事，他知道了，远远地扔过一个小纸团儿，口里说着：'菱仙，给你个槟榔吃！'等我接到手里，打开来看，原来是一张银票。"

当时的科班制度，每人都有固定的戏份，像这样的赠予，是例外的，因为各人的家庭环境、经济状况不同，所以随时斟酌实际情况，用这种手法来加以照顾。吴先生还说，当每个人拿到这类赠予的款项的时候，往往正是他最迫切需要这笔钱的时候。

不炮而红

　　第一次登台成功后，吴菱仙又安排梅澜一边学戏，一边走上舞台演起戏来。他不断地在各班里串演小角色，有传统戏，也有时装戏。当时俞振庭组班在文明茶园演出时装新戏《杀子报》，其中两个小孩，就是由梅澜和李洪春扮演的。

　　没过多久，梅澜的两位同学朱幼芬、王蕙芳也开始登上舞台，崭露头角。比较之下，观众对他们的表演渐渐开始有所比较。当时有人评论说年幼的梅澜的身僵、脸死、唱腔笨，经常有人推测说梅澜将来没有什么大出息。而朱幼芬却被观众广泛看好。有好心人说："幼芬唱得那么亮，你为什么那么闷呢？你嗓子不是也很好吗？"梅澜听了，不答不辩，一如既往，于是人们说

梅兰芳（中）与老师吴菱仙（右）、小伙伴朱幼芬（左）

他有点傻劲。还是当时一位琴师陈祥林先生知底，他说："人们看错了。幼芬在唱上并不及兰芳。目前兰芳的音发闷一点，他是有心在练'a'音，这孩子音法很全，逐日有起色。幼芬是专用字去凑'i'音，在学习上有些畏难。别说兰芳傻，这孩子心里很有谱，将来有出息的还是他。"不出风头，不走捷径，扎扎实实打好基础，梅兰芳在少年时期就表现出了成熟的心智和秉性。后来，朱幼芬确曾在舞台上大红大紫过一阵子，即使是王蕙芳也着实不弱，一时口碑都超过梅兰芳，但最终还是梅兰芳成为大师，这是后话。

经过吴菱仙的不懈努力和专注指导，梅澜这种边学戏、边登台的学习和生活方式，持续了多年。舞台实践开阔了梅澜的演界，也使他的演技不断提高。

梅兰芳能成长为一代艺术大师，与他少年时转益多师，得到很多前辈的精心培育是分不开的。这也是梅家学戏的传统，祖父梅巧玲就主张多向前辈们请教。在向吴菱仙学青衣戏的同时，在老师和长辈的帮助下，梅兰芳不断拓宽戏路，尝试学习新的行当。梅兰芳第二个接触的京剧行当是花旦，这次他所跟随的老师则是他的姑父秦稚芬及伯母的弟弟胡二庚。与青衣一样，花旦也旦角的一支。但与青衣扮演庄重的青年或中年妇女不同，花旦扮演的

梅巧玲饰萧太后

则多为天真烂漫、性格开朗的妙龄女子。在京剧形成初期，且行中青衣、花旦的界限划分得相当严格，演青衣的演员不能演花旦，演花旦的不能兼演青衣。青衣讲究唱功，不讲究表情、身段，面部或毫无表情，或冷若冰霜。而花旦则与青衣正好相反，不讲究嗓音和唱腔，重点在表情、身段、科诨等，服装也多是夸张、绚烂的短衣。在京剧史上，最先打破花旦与青衣界限的就是梅兰芳的祖父梅巧玲。他在接演《雁门关》里的萧太后一角时，发现这个人物在表演上既需要有青衣的端庄娴静，又需要有花旦的爽朗大方，既要能"唱"，又要精于"念"和"做"。于是，他在演出时，不仅运用了青衣的唱功技巧，也吸收了花旦的念白和表情，将萧太后这个人物塑造得栩栩如生，活灵活现。此时的梅兰芳兼学青衣花旦，也是对梅家艺术风格的良好继承。

光绪三十三年（1907年），梅兰芳像当时许多京剧学徒一样，开始"带艺入科"，进入京剧科班，搭班演出。他所选择的科班是当时京城最有名的科班 —— "喜连成"。那时的"喜连成"就是后来的"富连成"，由安徽人叶春善在吉林富绅牛子厚支持下，于1904年在北京创立。叶春善（1875~1935年），出生于梨园世家，工老生，与杨小楼、程继仙等为师兄弟，得到杨隆寿、姚增禄、范福泰的教益。育六女五男，女婿茹富兰、宋继亭、萧盛萱，儿子叶龙章、叶荫章、叶盛章、叶盛兰、叶世长等均是梨园行名人。叶春善性格坚韧，善结同仁，恪守"不为发家致富，只为传留戏班后代香烟，为教好下一代艺术人才，川流不息地把戏剧事业接续下去"的办班宗旨，吸引了大批卓有成就的老艺人来当老师，也因此吸引了大批孩子前来学戏，并最终成为京剧教育史上公认的办学时间最长、造就人才最多、影响最为深远的一所京剧科班。京剧名家萧长华、侯喜瑞、周信芳、马连良、谭富英、裘盛戎等均与之有着极深的渊源。

百年巨匠
梅兰芳
Century
Masters
Mei
lanfang

搭班"喜连成"时，梅兰芳的演出机会慢慢地多了起来，有时不得不四处赶场子。白天唱完营业戏和行戏，有时晚上还得赶到各王府、贝勒府和各大饭庄唱"堂会戏"。赶场的滋味实在不好受，梅兰芳少年时期便尝够了，他后来回忆："譬如馆子的营业戏、'行戏'、'带灯堂会'（即日夜两场戏），这三种碰巧凑在一起，那天就可能要赶好几个地方。预先有人把钟点排好，不要说吃饭，就连路上这一会儿工夫，也都要很精密地计算在内，才能免得误场。"

在演出之余，梅兰芳还将观摩他人演戏作为一个重要的学习方式。那时，他在每晚演出之后，并不急着回家，而是始终在胡琴座的后面坐着，目不转睛地仔细观看每个人的表演，无论是角儿的戏，还是一般演员的戏。每看完一出戏，他都会在心里默默品评优势和粗劣，然后为我所用，去粗取精，扬长避短。他曾这样说："我在艺术上的进步与深入，很得力于看戏。我搭'喜连成'班的时候，每天总是不等开锣就到，一直看到散戏才走。当中除了自己表演以外，始终在下场门的场面上、胡琴座的后面，坐着看。越看越有兴趣，舍不得离开一步。这种习惯，延续了很久。以后改搭别的班子，也是如此。"

"喜连成"强大的演员阵容给梅兰芳提供了丰富的学习机会。最让梅兰芳看得过瘾并深有体会的，要算"伶界大

谭鑫培

王"谭鑫培以及常与谭鑫培配戏的几位老前辈如黄润甫、金秀山的戏。在谈到看谭鑫培的戏时，梅兰芳说："我初看谭老板的戏，就有一种特殊的感想。当时扮老生的演员，都是身体魁梧，嗓音洪亮的。唯有他的扮相，是那样的瘦削，嗓音是那样的细腻悠扬，一望而知是个好演员的风度。"

在"喜连成"的日子里，梅兰芳的生活被繁重的演出、紧张的生活、艰苦的学习所充斥，他每年演出的日子将近 300 天，除了斋戒、忌辰、封箱等特殊日子按规矩不唱戏外，几乎寒暑不辍。然而，没有演出的晚上，他必须赶回家继续和吴菱仙学习，吴菱仙先后教给了他《二进宫》《桑园会》《三娘教子》《武家坡》《彩楼配》《宇宙锋》《打金枝》等共 30 多出戏。

除了继续学习青衣以外，在这里，梅兰芳又开始尝试着接触了京剧中的第三个行当 —— 刀马旦。刀马旦专门负责表演戏剧里需要武打的角色，属于旦角中的一种。要学刀马旦首先要学习武功，负责教授梅兰芳武功的，是茹莱卿，他是梅兰芳外祖父杨隆寿的弟子，40 岁前工武生，长靠短打都很出色，40 岁后又向梅雨田学习胡琴，后来为梅兰芳伴奏多年。在茹莱卿的耐心教导下，梅兰芳从打"小五套"练起，再到"刀枪把子""毯子功""腰腿功"，茹莱卿教得细致严格，梅兰芳学得全面牢固。没过多久，梅兰芳已是十八般武艺样样精通了，无论是穿靴、穿高底的，还是扎大靠、穿短装的，各种旦角剧目所用的刀、枪、剑、戟、马鞭、拂尘的各种打法等等，都学会了。

学会武功仅仅是个开始，梅兰芳的刀马旦戏则是另一位老师路三宝教的。路三宝比梅兰芳大 17 岁，科班出身，初学须生，后改花衫、刀马旦，和谭鑫培、王瑶卿等人均有合作。梅兰芳随路三宝学会的最重要的一出戏，便是《贵妃醉酒》。梅兰芳后来回忆说："路先生教我

百年巨匠
Century
Masters
梅兰芳
Mei
lanfang

茹莱卿

路三宝(《金山寺》剧照)

练衔杯、卧鱼以及酒醉的台步、执扇子的姿势、看雁时的云步、抖袖
的各种程式，未醉之前的身段与酒后改穿宫装的步法。他的教法细致
极了，也认真极了。"以后经过数次修改，这出戏日后成了他的保留
剧目，一直演到老。

在"喜连成"期间，梅兰芳还结识了一位影响他一生艺术发展的
老师，这个人就是当时的旦角领军人物、人称"通天教主"的王瑶卿。
回顾梅兰芳的成长之路，我们不得不提到一个人，他就是有名的京剧
表演艺术家、戏曲教育家王瑶卿，因为没有他的继承和创新，梅兰芳
的成长之路将更加漫长和艰难。作为当时名满天下的京剧名角，王
瑶卿不仅青衣、刀马旦兼演，而且文武混乱不挡，由他所创造的"王
派"，是后世京剧旦角艺术的基本流派。回顾中国京剧发展史，我们
会惊奇地发现梅兰芳、程砚秋、尚小云、荀慧生，这"四大名旦"都曾
在一定时间归于王瑶卿门下学艺，这些流派的形成也要或多或少地归

功于王瑶卿。对于王瑶卿，梅兰芳曾经说过，梅派艺术就是按着王瑶卿的路子完成了他的未竟之功。那么王瑶卿究竟做了什么，对后世会产生如此巨大的影响？一切还要从王瑶卿的家事说起。

史料中对于王瑶卿家世的记载十分有限。他的父亲王彩琳，又名王家琳，幼年时期在家乡淮安清江浦从李姓艺人学习昆曲。大约10岁左右，进京学艺，在北京他后先后拜谢肃玉、郝兰田为师。郝兰田为"同光十三绝"之一，被京剧界称为"京剧老旦的奠基者"，他见王彩琳聪明伶俐，不但扮相好，而且嗓子也好，心中非常喜欢，便将女儿许配给王彩琳，成了王瑶卿的外祖父。王彩琳和梅兰芳的祖父梅巧玲同是京城"四喜班"的名青衣，成为清咸丰年间京城一代昆曲名伶，他擅长出演《醉归》《独占》等昆曲折子戏，在同辈名伶中有"鹤立鸡群"之赞誉。梅兰芳家藏有《思志诚》一戏绘像，十二个旦角中就有王彩琳，还有梅巧玲、时小福、朱莲芬、余紫云（余叔岩祖父）、杨朵仙（王瑶卿岳父）、朱霭云等人。王彩琳有三个孩子，长子就是王瑶卿，生于1881年，原名王瑞臻，字雅庭，别号菊痴，晚号瑶青。次子王凤卿，比兄长王瑶卿小两岁，是唱文武老生的，人品很好，后被梨园界公认为继"伶界大王"谭鑫培之后、余叔岩等"四大须生"之前的"京剧老生第一人"，长期与梅兰芳

王瑶卿

合作。另有一女，嫁于当时的刀马旦名角朱桂元为妻，成了程砚秋的师父荣蝶仙的岳母。

王瑶卿9岁师从田宝琳（陈德霖之师）学青衣，后入四大徽班之一"三庆班"向崇富贵学武功，又从谢双寿、张芷荃、杜蝶云学习青衣和刀马旦，还得到钱金福指教把子功，拥有扎实的文武混乱的基础。14岁在"三庆班"正式登台演出。第一次出台唱的戏是"祭塔"，一炮打响，赢得好评。他在未来的舞台实践中，坚持向各路名伶请益，只要谁哪怕有一出好戏，无论念白、唱腔还是做工上有特色，他就虚心向谁学习，而且决心学到手。当时梨园界有个规定，你唱什么角色只能学本行当的戏，唱青衣的就不该学花旦。而王瑶卿打破门户之见，向各种不同派别、不同风格广泛吸取营养，学而不泥，择优而从。如他向时称"天下第一青衣"时小福学习清晰有力、沉稳醇厚的念白，并通过观看、揣摩、领悟他《汾河湾》这出拿手好戏的表演。在时小福去世后，《汾河湾》这出戏无人敢与谭鑫培合作，而王瑶卿确实担当下来，并且一次成功。他与谭鑫培合演《汾河湾》《打渔杀家》《武家坡》的时期，是王瑶卿舞台艺术的极盛时期，获得了"青衣女叫天"的称号，并与谭鑫培先后一起被选入清廷任升平署"民籍教习"，为光绪皇帝、慈禧太后唱戏助

谭鑫培与王瑶卿《南天门》剧照

乐，经常得到慈禧太后的夸奖。这个阶段，奠定了他后来成为"通天教主"的梨园地位。

王瑶卿 16 岁那年，与"四喜班"著名花旦杨桂云之女结婚，杨氏夫人是著名琴师杨宝忠、京剧老生"杨派"创始者杨宝森的姑母。王瑶卿有一个女儿王铁瑛，视为掌上明珠。铁瑛自幼随父学艺，曾于 1942 年与徐和才拍摄京剧影片《孔雀东南飞》，饰剧中人物刘兰芝。王凤卿生两男一女，长子王少卿。少卿幼年学老生，宗谭派，曾与梅兰芳同台演出过，28 岁时改拉胡琴，一直为梅兰芳伴奏，他思维敏捷，往往独出新意，敢于创造，梅兰芳好多新戏新腔，都是与王少卿合作创作的。因王瑶卿无子，王凤卿将二儿子幼卿过继给兄长，幼卿得到了大伯父的真传，成为京剧名旦，梅兰芳为了让儿子梅葆玖幼年能学到正宗的"王派"艺术，让葆玖拜幼卿为师，后来梅葆玖常讲，王幼卿是他的启蒙老师。

在京剧发展史上，从 1790 年（乾隆五十五年）徽班进京以后的五十年中，在程长庚、余三胜、张二奎时期形成了京剧，故程长庚被称为"京剧鼻祖"。从京剧形成到清朝末期，一直是生角挂头牌，旦角仅是配角，无论在剧目上和人才上旦角都无法与生角抗衡；到了谭鑫培与王瑶卿合作期间，观众一半是来看瑶卿的戏，由于他的旦角艺术声势大振，使旦角行业在京剧演员中的地位迅速突起，改变了生行独领风骚的局面。在京剧的舞台上，梨园界一致认为，以王瑶卿开始，旦角唱大轴，他是第一个；旦角挂头牌，他也是第一个；旦角创流派，他又是第一个。

梅兰芳曾经说过："辛亥革命后，人们再也见不到旦角演员捂肚子了。"（1911 年左右，是王的舞台艺术进入鼎盛时期，当时梅兰芳仅仅是初露头角）。在王瑶卿之前，青衣、花旦、刀马旦分野严明，不得混

《思志诚》戏画像

乱，唱青衣的一是不能唱花旦、刀马旦；二是青衣多饰演稳重的中青
年妇女，只讲究唱功，不注重表情、身段，往往面部毫无表情，身段直
立，一手下垂，一手置于腹部，稳步前行。像以前的时小福、陈德霖等

著名青衣都是长于唱功，而做功不足，几乎都是捂着肚子唱。王瑶卿不甘忍受这种束缚，博采众长，继承了梅巧玲等人的优点，又有所创新，大胆地变革了表演方法的旧规矩，他将青衣、花旦、刀马旦三者

融为一体，创造出旦角艺术的新行旦——"花衫"，丰富了京剧旦行的艺术手段。花衫行当所体现的三位一体，标志着旦角表演与唱、念、做、舞融为一身，加上他讲究书情戏理，贴近人物、贴近生活，使京剧旦角表演艺术进入一个新的里程，以综合美的形式展现给观众。

梅兰芳看了王瑶卿的《虹霓关》后，很感兴趣，伯父梅雨田便领着他向王瑶卿学习。王瑶卿坚决不同意梅兰芳磕头拜师，他说："论行辈我们是平辈。咱们不必拘形式，还是弟兄相称。你叫我大哥，我呼你兰弟。"梅兰芳在这位王大哥老师面前恭恭敬敬地学，老老实实地学。先学会了二本《虹霓关》中的丫鬟，一唱就受到欢迎。通过这一角色的学习，使梅兰芳领会了如何掌握这一类型的人物性格。后来在上海，梅兰芳又向表兄王蕙芳学习了头本《虹霓关》中的东方氏，这才开创了《虹霓关》头本夫人、二本丫鬟的演出。梅兰芳向王瑶卿学的另两出戏是《汾河湾》和《樊江关》。只是两出剧中人物的表情、念白和做派，与其说是学来的，不如说是看来的。梅兰芳多次观摩王瑶卿和谭鑫培合演的《汾河湾》，看完回家，就揣摩他们的动作、表情，然后再把自己在台上的经验掺和进去，渐渐地才有了新的领会。同样，《樊江关》一剧，梅也是多次观摩后，越看越有兴趣而自然而然学会的，并揣摩自己演薛金莲更合适。后来，梅兰芳与王瑶卿同台演出过《樊江关》，王饰樊梨花，梅饰薛金莲，颇得好评。王瑶卿曾回忆说，他与王蕙芳合演该剧时，他饰薛金

《虹霓关》剧照。梅兰芳饰东方氏，路三宝饰王伯当

莲，王蕙芳饰樊梨花，及至和梅兰芳演出该剧时，观众"欢迎薛金莲的程度，又超过了樊梨花……其实蕙芳的扮相和技术，都够漂亮和纯熟，不过在揣摩剧中人的性格方面，就不如畹华细腻深入了。当时兰蕙齐芳，盛极一时"。

《汾河湾》剧照。梅兰芳饰柳迎春，王瑶卿饰薛仁贵

自此以后梅兰芳看王瑶卿的演出更勤了，《打渔杀家》《长坂坡》《宇宙锋》等戏都是在看戏时学会，再请王瑶卿加以指点的。王瑶卿经常不断地指点梅兰芳许多窍门，把梅兰芳引到艺术的精深之处。梅兰芳的京白十分出名，而这也是王瑶卿教的。最初，王、梅合演八本《儿女英雄传》，王演何玉凤，梅演张金凤。当时梅兰芳还不怎么会念京白，是王瑶卿教会他念的。后来，梅兰芳排演新戏也得到了王瑶卿的帮助。"梅党"中一些为梅兰芳编剧的文人朋友，既不懂戏剧，又不懂曲律，新剧的完成，实有赖王瑶卿。像《西施》一剧，从剧本、唱腔以及场子的穿插等，都是经过王瑶卿细心的整理、编排而后演出的。当《西施》剧本脱稿后，梅兰芳拿去请教王瑶卿，王说："摆在这里，我给你细细地看一看。"王瑶卿一连三天，夜以继日地把《西施》剧本连改带拆整理出来。等到排演时，王瑶卿还亲自到梅家，对每一个演员都很耐心地指点了许多窍头。梅派名剧《太真外传》等，也都是这样在王瑶卿

《天女散花》绸舞

《麻姑献寿》杯盘舞

《木兰从军》枪舞

《廉锦枫》刺蚌舞

的具体指导下排成的。

　　在梅兰芳创演的古装戏里，都穿插着歌舞场面，如《嫦娥奔月》的花镰舞、《红线盗盒》的拂尘舞、《天女散花》的绸舞、《千金一笑》的扑萤舞等，都是边唱边舞，在唱腔安排上就有着一些新的处理，以适合歌舞结合的需要。梅兰芳在这些戏中的唱腔，就是王瑶卿帮助研究出来的。《黛玉葬花》一剧中，王瑶卿为林黛玉安排了一段(反二黄)唱段，十分成功。对此，梅兰芳深有感触地说："王大爷是有真才实学的。他研究出来的东西，够得上真、善、美的标准。"以后，每当演到这些戏时，梅兰芳就会想起王瑶卿对自己的好处。

除了上面所谈到的，开蒙老师吴菱仙为他打下了扎实的青衣基础，茹莱卿教武功，路三宝教刀马旦戏，王瑶卿使他由单一以唱为主转向唱做并重的"花衫"路数之外，还先后得益于陈德霖、李寿山、乔蕙兰、谢昆泉、陈嘉梁等先生，打下了扎实的戏曲表演基本功。迁居上海期间，还与昆曲名家丁兰荪、俞振飞、许伯遒等一起研究过身段与唱法。正是这些良师益友，帮助梅兰芳深深植根于传统京昆戏曲传统艺术之中。梅兰芳能成为一代艺术大师，和他转益多师、博采众长是分不开的 —— 这也是他们梅家学戏的传统。

光绪三十四年（1908 年）秋天，喜连成班主叶春善带领他的科班在吉林演出。一天早晨，叶春善偕筹资组建喜连成的开明绅士牛子厚到吉林北山散步。他俩爬山时，忽然发现有一人在小树林里练剑，但见他体态轻盈，动作敏捷，剑舞生花。牛子厚简直看呆了，情不自禁地连连拍手叫好。那舞剑人听到有人喝彩，连忙把剑收住，向牛子厚躬身施礼："牛老板，喜群献丑了。"牛子厚

乔蕙兰

见面前这个年轻人仪表堂堂，举止端庄，真是一个挑大梁的料子，便问道："你可曾有艺名？"叶春善答道："我给他起了个艺名叫'喜群'。"牛子厚沉吟良久说："这孩子相貌举止不俗，久后必成大器，给他更名'梅兰芳'如何？"叶春善师徒二人欣然同意。"梅兰芳"这个享誉中外的艺名由此叫开。

从14岁到17岁，梅兰芳在"喜连成"待了3年，光绪三十六年（1910年）梅兰芳因为"倒仓"（即变嗓）而脱离了"喜连成"。"倒仓"就是青春期"变声"过程，也是专业演员职业生涯的重要时期，几乎每个演员都有"倒仓"的体会。梅兰芳在"倒仓"期间，虽然不能登台演出，但却做了两件大事，一是结婚，娶了著名京剧武生王毓楼的妹妹、后来著名老生王少楼的姑母王明华；二是他开始养起了鸽子。

王明华通情达理，精明能干，是位很好的贤内助。当时梅兰芳已经有了演戏的收入，但家境仍没有太大的改善。王明华服侍一家老小，不计清贫，勤勤

王明华

百年巨匠
梅兰芳
Century
Masters
Mei
lanfang

恳恳料理家务。伯父梅雨田见她持家有方，就让她管理银钱往来和日用账目。王明华不但能治家，还能协助梅兰芳演出。梅兰芳在排演时装新戏时，她不仅能帮着梳头、化妆，而且还能帮助设计服装。后来1919年梅兰芳第一次赴日演出时，就带王明华随行料理日常生活。

北京人对鸽子似乎情有独钟。不论是风和日丽的春日，还是天高气爽的金秋，在北京城的上空，你总能看到那一排排或高或低相伴飞行的整齐鸽阵，你总会听到那一声声或嘹亮悠远或雄浑深沉的鸽哨。在一个节日里，一位朋友把几只鸽子作为礼物送给梅兰芳。鸽子既然已经在家里了，总得有人伺候。于是，梅兰芳担起了这份不可推卸的责任。开始时只是玩赏式的照料和观察，后来则成了有目的性的活动了。家里的鸽子也随着主人乐趣的增强，变得越来越多。从开始的几对，到后来按照飞行力的强弱而区分的第一队、第二队、第三队，直到一百五十多只。从仅会飞行的一般鸽子，到能持久高飞，来往于北京、天津、保定之间专门用来送信的信鸽，再到那些能在黑夜起飞的夜游鸽，甚至能在天空进行翻跟斗表演的跟斗鸽，梅兰芳养鸽子的兴趣与日俱增。他逐渐发现，养鸽子这一爱好，对他身体素质的增强，有着十分重要的意义。他后来曾经这样总结过养鸽子和身体之间的关系。

养鸽子对梅兰芳来说是一件大事。他有些近视，眼皮下垂，眼珠转动不够灵活，有时迎风还要流泪，没有神采，作为一名演员来说，并不是很合格的。养鸽子治好了他的眼睛。他曾总结说："第一，养鸽子的人，先要起得早，能够呼吸新鲜空气，自然对肺部就有了益处。第二，鸽子飞得高，我在底下要用心目力来辨别这鸽子是属于我的，还是别家的，这是多么难的事。所以眼睛老随着鸽子望，愈望愈远，仿佛要望到天的尽头、云层的上面去，而且不是一天，天天这样做，

鸽子哨

才把这对眼睛不知不觉治过来的。第三，手上拿着很粗的竹竿来指挥鸽子，要靠两个膀子的劲头。这样经常不断地挥舞着，先就感到臂力增加，逐渐对于全身肌肉的发达，但得到了很大的帮助。"养鸽子的爱好，梅兰芳持续了十年之久。直到演出业务日见繁重，实在抽不出来空儿时，梅兰芳才不得不恋恋不舍地与这群"小朋友"分手。

在他忍痛结束养鸽生涯时，他的好朋友冯耿光送给他一幅玻璃画，上面是两只长着可爱的红脚红眼睛的白鸽子，据说这幅画是乾隆时期西洋名画家郎世宁的手笔。从此这对鸽子便追随在梅兰芳的左右，走南闯北，从来没有分离过。

"倒仓"的时间可长可短，因人而异，梅兰芳"倒仓"恢复得很快，嗓子恢复后，梅兰芳改搭"鸣盛和"戏班演出，次年又改"双庆班"演出。这年，梅兰芳开始排演他"倒仓"排演的第一出新戏《玉堂春》。

《玉堂春》是中国戏曲中流传最广的剧目之一，讲的是明正德年间，吏部尚书之子王金龙与名妓苏三（玉堂春）相识，后因钱财用尽，被鸨儿轰出妓院，苏三也被骗卖给山西商人沈雁林做妾，又遭人陷害，定为死罪，后被王金龙所救，破镜重圆的故事。当时的旦角领军人物、人称"通天教主"的王瑶卿经常演出这一剧目。传统老戏《玉堂春》以前一直是以生行为主，且角苏三始终是配角，只唱"散板"。而王瑶卿大量创新出"回龙""慢板""原板""二六""流水"等唱腔，逐渐使该戏成为以旦角为主的唱功戏。梅兰芳的伯父梅雨田的朋友林季鸿，专门为王瑶卿改编了《玉堂春》唱腔，新腔被梅雨田听到后，觉得此腔动听而且耐听，回到家后立即教给了梅兰芳。梅兰芳曾回忆说："从前老师开蒙教戏，总是西皮先教《彩楼配》，二黄先教《战蒲关》，反二黄先教《祭江》，没有听说小学生先学《玉堂春》的。可见得唱工没有点功夫，是动不得的。学会了《玉堂春》，大凡西皮中的散板、慢板、原析、二六、快板几种唱法都算有个底子了。""别的唱工戏，总有休息的机会，不像它老是旦角一个人唱，还要跪着唱。"正是从《玉堂春》开始的，梅兰芳演每出戏之前都会认真地分

《玉堂春》剧照。梅兰芳饰苏三，同台的有王凤卿、姜妙香等

析唱词、研究剧情、揣摩角色，再融入自己的理解。肯动脑筋、关于钻研，是他演戏的一贯态度。

这年冬天，梅兰芳在文明茶园首次公演此戏，梅雨田亲自为其操琴，梅兰芳唱得精彩，梅雨田拉得畅快，甚至拉出了一个新鲜的曲牌，琴声与唱腔相映成趣，耳尖的戏迷自然一下子就听出了差异，叫好声不绝于耳，从大段西皮一直到唱完，差不多每一句唱腔都有彩声相伴。许多年以后，梅兰芳与日本戏剧界交流时，仍认为《玉堂春》是他自己演出觉得最开心、最满意的角色。

也许不能武断地说，一部《玉堂春》让梅兰芳一夜成名，但至少可以说，正是这部戏让他在京城的舞台上开始引人关注。从10岁登台，到17岁因演《玉堂春》而开始走红，其间跨越了7年时间。懵懂的梅兰芳在渐悟了7年之后，终于以此作为腾飞的契机。正是这一年，北京戏界举行了一次菊选。在经过专家评选、观众投票后，公布了菊榜，位列状元、榜眼、探花的分别是朱幼芬、王蕙芳、梅兰芳。显然，此时梅兰芳的名声，还不及和他一起学戏的两个同学。不过，仅仅一两年之后，他后来者居上，声名鹊起，相当叫座了，不仅一度超越了朱、王二人，甚至大有盖过"伶界大王"谭鑫培和"国剧宗师"杨小楼之势，甚至有人极端地说，老谭对小梅也望尘莫及了。

没过多久，梅兰芳就获得了与"伶界大王"谭鑫培合作的机会。在梅兰芳眼里，年长他48岁的谭鑫培无疑是长辈、前辈，因而在谭鑫培面前，梅兰芳始终老老实实地称其为"爷爷"。而谭鑫培与梅家素来交情不错，他不仅与梅巧玲交谊深厚，又与梅雨田默契合作多年，从表面看来，谭鑫培一直憋着劲儿欲挑梅兰芳的刺儿又时不时在戏台上"逗逗"这梅家小子。实际上，谭鑫培对梅兰芳是提携的、宽容的。小梅最初与老谭同台，是演一次义务戏。民国建立之初，京剧演员田

百年巨匠
Century Masters
梅兰芳
Mei lanfang

梅兰芳与杨小楼合拍《截江夺斗》剧照

际云、余玉琴等发起"正乐育化会",以取代原来的"精忠庙"作为伶界的行业组织,由谭鑫培任会长,田际云任副会长。为给该会附属的育化小学筹建筹款,1912年冬,正乐育化会委托前清的学部主事、人称"票友之王"的王君直等在天乐园组织两天义务戏。第一天安排的以是谭鑫培与陈德霖合演的《桑园寄子》,可陈德霖临时有事不能来,谭鑫培二话不说就点名让梅兰芳顶陈德霖的角色,梅兰芳一口答

应了 —— 他知道，这是谭老板在提拔自己。紧张肯定有点，但梅兰芳心里还是有谱的。演出当天，梅兰芳到后台请老谭对词儿。谭鑫培问梅兰芳，你跟谁学的、跟谁唱过？梅兰芳回答是跟吴菱仙学、跟贾洪林唱过，老谭就说"那就甭对啦，我都有肩膀儿交代"。那次演出，梅兰芳觉得非常愉快，无论是唱、念、盖口还是身段、部位，老谭给梅兰芳留的尺寸都恰到好处。演出结束，梅兰芳向老谭道谢，老谭十分满意。对于这次合作，梅兰芳在《舞台生活四十年》里回忆那一次的演出时写道："那次，陈老夫子刚好有事不能参加，所以谭老板就点中了我。我第一次陪谭老板唱戏，朋友们都替我担心，其实我并不发怵。因为我搭双庆班，经常和贾洪林、李鑫甫唱这出戏，他们都是谭派路子，所以我心中有底。"

其实，像谭鑫培这样一个有着丰富舞台经验的老演员有时也会随兴所致，即兴发挥，不完全按照剧本演，如果配戏的演员经验不足或反应稍慢，就会措手不及而出丑。遇到这种情况，梅兰芳反应机敏，常能使戏出现令人叫绝的变化来。一次，梅兰芳与谭鑫培合演《汾河湾》，讲的是薛仁贵与其妻柳迎春寒窑相会的故事，其中有这么两段对白：

第一段：

薛 口内饥渴，可有香茶？拿来我用。

柳 寒窑之内，哪里来的香茶？只有白滚水。

薛 拿来我用。

第二段：

薛 为丈夫的腹中饥饿，可有好菜好饭？拿来我用

柳　寒窑之内，哪里来的好菜好饭？只有鱼羹。

薛　什么叫作鱼羹？

柳　就是鲜鱼做成的羹。

薛　快快拿来我用。

　　结果，当梅兰芳念完"只有白滚水"时，谭老先生却来了句："什么叫白滚水？"梅兰芳不动声色回道："白滚水就是白开水。"谭接下去"拿来我用"，就收住了。当梅兰芳念到"寒窑之内，哪里来的好菜好饭"时，谭打断他道："与我做一碗'抄手'来。"梅兰芳顺势而上："什么叫作'抄手'呀？"谭转向观众："真是乡下人，连'抄手'都不懂，'抄手'就是馄饨啊。"梅兰芳一句"无有，只有鱼羹"，又接回到原来的台词上了。这种在台词中加话，也并不是能随心所欲不着边际的，必须在一定范围内，不能离剧情太远，答话要贴切妥当，圆得回来。谭鑫培的"抄手"，是南方方言，台下观众也大多不懂，梅兰芳尽可以用"无有，只有鱼羹"打发掉，那样谭老先生的"抄手"就显得特别突兀、大煞风景。这份机智聪明，会为戏增色，唱对手戏的人会赞赏不已，观众也是非常欢迎的。

　　1913年初夏的一天，前门附近的广德楼里，俞振庭举办的"义务夜戏"正预备上演。开演前，戏园子里一片乱哄哄的。观众们说笑谈论，吸烟喝茶，满园子的小贩则四处乱窜，争先恐后地大显身手。当时卖茶水是戏园子里最大的副业之一。那时楼上的包厢，多包给各个饭馆。有吃饭的客人想听戏，就会嘱咐饭馆代为订座。吃完饭去听戏，当然会口渴。于是，喝茶的人便多了起来。因喝茶的人多，叫人续水时，一时叫不到，就用茶壶盖敲茶壶。敲的人一多起来，就听见满园子叮当乱响。茶水之外，戏园子里还有卖杂拌的。糖果、花生、瓜子、榛子、蜜饯等应有尽有。伙计们端着托盘,一边走着一边吆喝。看戏的人,一般都买上个一两包,尤其是那些请客听戏的,为避慢客之嫌,更是非买不可了。卖杂拌的刚过去,卖奶酪的又来了。伙计们用盘托着盛在小碗里的奶酪,边走边吆喝:"酪来了 ——"声音虽低,然而却特别响,拖音也极长,简直可与台上的演唱相比。还有卖水果的,卖古玩的,卖戏单的,戏园里吵吵闹闹,嘈杂一片。在这些买卖当中,可以称之为景观的,要数卖水烟的了。那时还没有烟卷,文人官员们多吸水烟,工商界则多吸旱烟。在楼上看戏,可以自带水烟袋,在楼下池子中,就太不方便了,所以单有卖水烟的。卖烟的伙计用一根约有五六尺长的水烟袋,老远地伸到你的嘴里去,动作极为麻利。而有的观众专门喜欢吸这种烟,以为有面子。客人吸完后,伙计把管中所剩之烟,吹得呼噜作响。吹完后,便送给客人一片烟纸,用以自卷旱烟。他便转身寻找新主顾去了。

卖水烟之外,光绪年间由天津传入北京的"打毛巾把"也是民初戏园里的一大景观。看戏前在饭馆里喝酒喝茶,容易出汗,戏园里又挤闷不堪。在这种时候,用热毛巾擦把脸,实在是件很舒服的事情。"打毛巾把"最值得一看的,是伙计们的扔接技术。一人在下面洗毛巾,洗好后,十条毛巾捆为一把,从下面扔往楼上,楼上的人伸手接住,分寸不差。往三楼扔时,只见伙计站在下边的左角上,对着三层楼上的右方,斜扔上去,不爽毫厘。楼上的人接住后,便散给各观客使用。用完后,扔下来再换。第一次全场观众都擦过后,还有人再次索要。这时,戏已开演了,观众的注意力已被集中到了舞台上。但因为伙计们扔毛巾的技术十分出色,也有一部分观众不看戏,专看他们,尤其是外国人,更是特别注意。一次,竟有一个美国人同这些"打毛巾把"的伙计们商量,想把他们的精彩表演拍成电影,发行到国外去，但因种种关系，未成事实。那位美国人深以为憾。

那天的阵容极为整齐。谭鑫培、刘鸿声、杨小楼等名角都被邀来参加会串，梅兰芳也在被邀之列。事先安排好的戏码排列是，吴彩霞的《孝感天》，梅兰芳、王蕙芳的《五花洞》，刘鸿声、张宝昆的《黄鹤楼》，谭鑫培的《盗宗卷》。梅兰芳那天正好在湖广会馆有一场堂会，赶不过来，请求告免。管事的觉得有了这么多的名角，梅兰芳少唱一出，也没有多大关系，于是便同意了。舞台上，吴彩霞的《孝感天》唱完后，刘鸿声、张宝昆的《黄鹤楼》上场，观众们一愣，不是梅兰芳和王蕙芳的《五花洞》吗？怎么换了？惊讶之中，又自己安慰自己：准是两个戏调换了位置。《黄鹤楼》演完后，观众们望眼欲穿地盼着梅兰芳上场。然而，随着锣鼓点上场的却是《盗宗卷》中的太后。《盗宗卷》是谭鑫培演主角，谭大老板是当时戏界泰斗，照理是不会安排在梅兰芳之前的，只能演压轴戏。那准是梅兰芳的《五花洞》不演了？台下开始骚动起来。一些人大声嚷嚷："为什么没有《五花洞》？""为什么梅兰芳不出场？"戏园里的秩序变得越来越乱，就连谭鑫培的亲自出场，也压不住阵了。舞台后的人也着了急，他们一边在台口贴了张纸条，上写"梅兰芳今晚准演不误"九个大字，一边赶往湖广会馆，梅兰芳和王蕙芳正在那儿唱二本《虹霓关》。刚下场，梅兰芳就被堵在了下场门前。

"戏馆里的座儿不答应，请您辛苦一趟。"

"好吧，等我们卸了装马上赶来。"

"不行，您哪，救场如救火，来不及了，您就上车吧。"

也不等梅兰芳回话，他们就把梅兰芳和王蕙芳推上了车。梅、王二人戴着"头面"，穿着"行头"，坐在车里，互相看看，不禁笑了起来。《盗宗卷》快演完时，梅兰芳赶到了广德楼。看他们走进了后台，大管事赶紧迎了上来："好了，好了，救星来了，快上去吧。"

等扮演丫鬟的梅兰芳一上舞台，全场欢声雷动，就仿佛像一件丢失了的宝贝，又找了回来似的。那种喜出望外的表情，那种兴奋热烈的情绪，传递出了一个准确的信息：梅兰芳成就了。谭大老板从此也对梅兰芳另眼相看。

又过了一年，梅兰芳改搭"春合社"，在吉祥园唱日场，巧的是此时谭鑫培也在吉祥园演出，因此梅兰芳经常能与老谭同台，一次两人又合作《汾河湾》，"窑门"一段引得观众掌声阵阵。演出结束，谭鑫培对人说："那一段，我说我唱的那几句并非如何好啊，怎么有人叫好呢？留神一看，敢情是兰芳在那儿作身段呢。"按照以往的表演程式，梅兰芳在这一场戏里是没有任何动作的，但他接受了戏外人士齐如山的建议而大胆打破陈规，为角色新增了身段。谭鑫培是一贯倡导"演"戏而非单纯"唱"戏的，梅兰芳此举实则是符合谭氏表演精神的，但他客观上抢了谭老板的风头，这在辈分高于一切的梨园是难以容忍的。梅兰芳心中也不免打鼓，担心谭前辈会因此怪罪于他。然而，谭鑫培却很善待梅的这一创新行为，甚至鼓励他"就这么着"。正是这一句"就这么着"给了梅兰芳莫大的鼓舞，让他敢于在戏曲改革的道路上大胆地走下去。

说到这出《汾河湾》，不得不提一下帮梅兰芳改戏的齐如山。齐如山是河北高阳人，原名宗康，字如山，民国时期著名的戏曲理论家。齐如山出身名门，父亲齐令辰是翁同龢的门生、李鸿藻大学士家的西席、李石曾的老师，其兄齐竺山是法国中国豆腐公司总经理，与蔡元培、李石曾等同为留法勤工俭学创始人。自幼年泛读经史，受过良好教育，对家乡一带流行的昆山腔、弋阳腔、梆子等地方戏曲十分喜爱。他17岁时便进入了总理各国事务衙门所属的外语学校 —— 京师同

百年巨匠
梅兰芳
Century
Masters
Mei
lanfang

文馆，学习德、英、法等外语前后共六年，毕业后刘如山两次出国，游学欧美，学习和考察了欧美各国的戏剧，头脑较为西化，认为中国戏太简单，在服装、布景、灯光、化妆等方面都难与西洋剧相媲美。辛亥革命后，齐如山回到国内，担任了京师大学堂和北京女子文理学院的教授。

　　齐如山对戏剧和戏剧理论都有着深入的研究，他早年还编写过话剧剧本《女子从军》，戏曲剧本《新顶砖》、《新请医》等，当然他对京剧最为醉心。他受西洋剧的影响，归国后曾一度看不起传统戏曲，很少进戏园看戏，直到看了梅兰芳的戏，惊为戏曲天才，又恢复了看戏习惯，并开始着手对中国戏进行深入细致研究，致力于传统戏曲的改良工作。其时，齐如山经常参加正乐育化会的一些活动。该会经常邀请文化艺术界的人士到会作演讲，齐如山是其中之一。他为该会的会员介绍西洋戏剧的情况以及讲述有关戏剧理论，极力主张改进中国戏曲。他的演讲使长期封建闭塞在京剧舞台一隅的伶人们大开眼界。谭鑫培和田际云称赞："讲得实在好！"

梅兰芳在上海与齐如山（左）、姚玉芙（右）

1913 年，刚刚崭露头角的梅兰芳在天乐茶园演出《汾河湾》，据说这是齐如山第一次观看梅的演出。正如电影所表现的：当台上薛仁贵唱到"窑门"一段，饰演柳迎春的梅兰芳按照师傅教的传统演法，面向内坐，竟自"休息"了，或者说他也如台下的观众一样，在一旁毫无表情地背对着薛仁贵坐在那里静静听其独唱。齐如山以当代戏剧家独特的欣赏眼光，从旧戏中发现了不少瑕疵和不足，他要帮助这位比他小 19 岁好学上进的青年伶人。他认为梅兰芳很有天赋，嗓音好、面貌好、身材好，但唱功、身段、表情受传统影响限制，还欠完美，如果有所改进，很快就能"更上一层楼"。但他当时与梅兰芳还不相识，便采取文人常用的办法写信，这封信竟长达三千言，其主要内容是以《汾河湾》为例，对演出进行了详细的分析点评，就表演与剧情如何结合的问题提出了很多具体而中肯的意见。梅兰芳接到齐如山长长的来信，十分高兴，认为信中的意见切中节骨眼，建议十分合情合理。他深深感激这位富有学问的长者的垂青和画龙点睛的指点，并果敢地根据齐如山的建议和设计，重新编排柳迎春的身段、表情和心理活动。10 天后，梅兰芳再次表演《汾

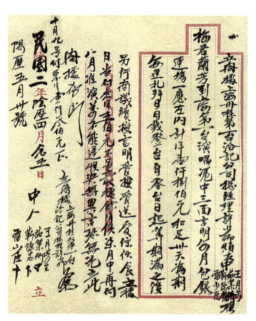

1913 年梅兰芳第一次赴上海演出时与戏院签订的合同

河湾》，推出的便是齐如山建议修改的新版本。当饰薛仁贵的谭鑫培唱到那一段时，梅兰芳忽然站起身来，与谭的唱段内容相配合，身段、表情丝丝入扣。齐如山看了这次演出十分激动。想不到这位风头正健的青年名旦如此虚怀若谷，完全按照他的意见对作品做了如此认真的修改。此后，只要梅兰芳有演出，齐如山就去看，看完总是即写信加以指导，前后竟写了100多封，这段"函授"的经历被后世的戏曲界传为佳话。在齐如山晚年所写的《回忆录》中曾谈到，他当时不大愿意与旦角有来往，是怕被朋友误会，再说那时梅兰芳也不大肯见生人。所以这种"函授"方式才会持续良久。

　　直到有一天，梅兰芳派人给齐如山送去一封信，邀请他来家中见面，二人才由此订交。此举对当时的齐如山来说也是需要一些勇气的，因为他实在太热爱京剧，才有此抛却世俗之举。自此，齐如山正式开始为梅兰芳排戏，并成了梅兰芳重要的朋友。结交梅兰芳以后，齐如山也先后结识了梅兰芳的友人如中国银行总裁冯耿光，中国银行南京分行经理吴震修和陆军中将李释戡等等，他们共同组成了梅兰芳的智囊团和后援队，也就是鼎鼎大名的"梅党"。"梅党"汇聚于梅兰芳的周围，逐渐形成了一个以梅兰芳为核心的京剧改革创新集团，不管梅兰芳走到哪里，他们就出现在哪里，此后，梅派的许多名剧都是在他们的策划、编排、建议下创作出来的。慢慢地，他们成为了梅兰芳艺术生涯不可分割的组成部分，与梅兰芳这个名字融为一个整体。我们可以想象，如果没有"梅党"成员的共同努力，就不会有那个在舞台上光彩照人的梅兰芳，京剧的发展也许会走向一条新的轨迹。

　　1913年的秋天，梅兰芳首次离开北京到上海演出。当时的上海，在文化上比较开放，又有外国人的租界，是一座国际化的都市。许多

齐如山信件

南下的京剧名角儿，在这里所赚的包银，比在北京多出几倍甚至几十倍。上海的演出场所，非常重视对演员的商业化包装。比如一个名老生出台，在北京的宣传往往就是戏园子门口挂一个水牌，水牌上写他的名字和戏码。然而在上海，完全可能是霓虹灯高悬于市中心，亮着你的名字，而且冠以"全国老生冠军""全球第一老生"这样的头衔。

当时的上海，有许许多多的报纸，舆论环境比较宽容，记者说话也相对随便，可以把一个演员捧到天上，让各种溢美之词不绝于耳；然而如果他演得不好，剧场里的观众马上会叫倒好，报纸上也会开骂，又把他贬到地下。这种舆论不讲情面的。因此，当时的京剧界有一个评判标准，叫作"不到上海不成名"。

他演出的地点在四马路大新路口的丹桂第一台。尽管上海"丹桂第一台"老板许少卿对初次赴沪演出的梅兰芳多少有点歧视，但他还是在刊登在《申报》上的演出广告中，给梅兰芳加了"南北第一著名青衣兼花旦"这样一个头衔，又赞他"貌如子都，声如鹤唳"。当然，他这么赞美，并非真的是赞佩梅兰芳的艺术造诣，不过是为了制造噱头而赚取更高的营业利润而已。

推荐梅兰芳到上海演出的，是王瑶卿的弟弟王凤卿。王凤卿比梅兰芳大 11 岁，自幼学艺，先学武生后学老生，14 岁时便搭"四喜班"演出，名声渐显。曾入宫供奉，民国初年已是名盛一时的生角。这次上海"丹桂第一台"老板许少卿正是冲着他才邀请的梅兰芳。王凤卿推荐梅兰芳到上海演出也是受了王瑶卿托付。在梅兰芳的成长过程中，始终伴随着前辈的提携：吴菱仙的传授，王瑶卿的教诲，谭鑫培的大度。如今随"头牌"王凤卿到上海，由于上海观众不知道梅兰芳

梅兰芳（左）与齐如山（中）、罗瘿公（右）研究艺术革新

百年巨匠
Century
Masters
梅兰芳
Mei
lanfang

是何许人，因此剧院老板给梅兰芳的包银，比起王凤卿少得多，王凤卿当时在上海的包银就每月 3200 元，而梅兰芳起先只有 1400 元。王凤卿认为老板对梅兰芳估价太低，要求增加包银，老板觉得梅兰芳不值。于是王凤卿就要求，从自己的包银中扣四百元，加给梅兰芳。老板觉得过意不去，这才把梅兰芳的包银，勉强加到了 1800 元。

在"丹桂第一台"演出的前三天"打炮戏"，都是由王凤卿唱压台戏。在压台戏的前面，末了第二出，叫作"压轴"或者"倒第二"，这是梅兰芳单独主演时的戏码排序。三天演下来，观众对王凤卿和梅兰芳的反映都非常好，天天客满，老板喜出望外。于是王凤卿向老板提出，要为梅兰芳单唱的戏，排一次大轴。这一次，老板态度同以前不一样了，他对王凤卿说道："只要您肯把大轴让出来，完全可以呀。"在上海演大轴戏，当然是一种荣誉和资历，可是如果弄得不好，也可能是危机。因为当时王凤卿正红在风头上，如果把王凤卿的戏码移到

梅兰芳与冯耿光（右）

前面，观众看完他的戏以后"抽签"——也就是提前离场了，那么对于后面演大轴的演员来说，名誉就会受到损失。这时，从北京专程来捧梅兰芳的"梅党"，想出了好办法。

前面提到过，"梅党"中有一位重要成员叫冯耿光，字幼伟，行六，人称冯六爷。冯六爷早年是同盟会员，在袁世凯独裁时期，很受江苏

总督冯国璋的信任。当时，冯国璋在是否"倒袁"的问题上举棋不定，冯耿光向他分析形势，促成了冯国璋倒戈，使得冯国璋在政治博弈中胜出，袁世凯死后，冯国璋成了代理大总统，冯国璋感激冯耿光，任命他为中国银行总裁。冯耿光非常喜欢京剧，尤其喜欢的是梅兰芳唱的青衣，早在梅兰芳14岁时，他就开始关注和资助梅兰芳，正是他为梅兰芳出资购置了北芦草园的住宅。冯六爷对梅兰芳的这种关注和资助一直持续了很长时间，他也是"梅党"中坚实的经济后盾。穆辰公在《伶史》里这样援引梅兰芳对冯耿光的评价："他人爱我，而不知我，知我者，其冯侯乎？"这次对于梅兰芳出演压台戏，冯六爷的意见是，在上海演大轴戏，虽然有风险，但机遇一定要抓住。冯六爷和几位上海的朋友一起，分析了前几场戏观众的反应，发现一般上海观众，爱看唱做并重的戏，如果梅兰芳继续演老腔老调的唱工戏，那么大轴肯定压不住，应该搞一个新颖生动、表演性比较强的戏。演哪出为好呢？梅兰芳接受了冯耿光等人的意见，临时学了一出《穆柯寨》。梅兰芳基础好，又掌握了钱金福所教的身段法则，因此学一出程式化的做工戏，只需把技术零件重新装配一下即可。

1913年11月16日，梅兰芳在上海丹桂第一台"压台"演出了他的刀马旦戏代表作——《穆柯寨》。《穆柯寨》讲的是北宋杨家将征讨天门阵过程中，攻打穆柯寨，杨宗保与寨主之女穆桂英相识、相恋、私订终身的故事。梅兰芳的《穆柯寨》得茹莱卿亲授，陪他唱《穆柯寨》的有朱素云（饰杨宗保）、刘寿峰（饰孟良）、郎德山（饰焦赞）。上海的观众看到一贯"抱着肚子死唱"的青衣居然也唱起了刀马旦戏而备感新鲜别致，掌声和喝彩声绵延不绝。

面对观众的一片叫好声，冯六爷保持冷静，他指出：由于穆桂英这个刀马旦角色的装扮，背上有四面旗子，就是扎上了靠旗，对此梅

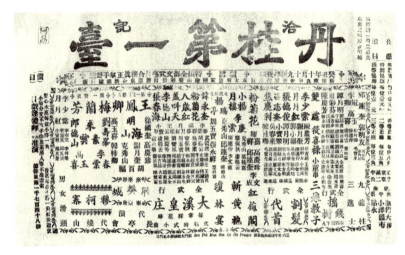

丹桂第一台戏单，梅兰芳第一次演出《穆柯寨》

兰芳没练过，不习惯，因此在台上经常低头，不好看。于是下一次演这出戏时，冯六爷就坐在二楼的包厢，一见梅兰芳在台上低头，就鼓几下掌。这种掌声出现的时间，并不在表演的精彩和"节骨眼"处，此时梅兰芳在舞台上，可以清晰地辨别出掌声的来源：是从那个包厢里传出来的。根据这个"暗号"，他就知道自己老毛病又犯了，于是赶快改正，把头抬起来，形象又好看起来了。就这样，《穆柯寨》越演越好，大轴，终于压住了，上海滩好评如潮。

梅兰芳此次在上海演出前后共 45 天，这位来自北京的第一青衣给上海观众留下了极为深刻的印象，上海观众不仅由此认识了梅兰芳，更倾倒于他的扮相、嗓音、身段和他的唱念做打。著名戏曲评论家、教育家孙玉声曾就梅兰芳首次赴沪演出所引起的轰动这样说："北京角儿，初来上海的情形，我看见的真不算少。惟有梅先生是不炮而红。"在王凤卿帮助下，连续几场演出大获成功，年轻的梅兰芳一鸣惊人。

此后，王凤卿还经常在艺术上鼓励、扶持梅兰芳："有了结实的功底，还要懂得戏理、戏情，老师口传心授之外，还要自己琢磨，从书本上也可以得到益处，遇到名师益友，千万不可放过，必须想尽办法把他们的好东西学到手。"这也成了梅兰芳艺术人生的原则。

　　梅兰芳回忆起帮助过的良师益友，总感慨地说："他们尽了最大的努力来教育我、培植我、鼓励我、支持我！这些人都具有不同的性格和独特的天才，为我做了种种的设计，无微不至。我们得到了他们的启示和指导，使我的艺术一天天丰富起来，这都是我不能忘记的事！"

第一次到上海（节选）
——梅兰芳自述二

　　那时丹桂第一台在四马路大新街口。头三天的打炮戏码是这样拟定的。第一日《彩楼配》《朱砂痣》；第二日《玉堂春》《取成都》；第三日《武家坡》。

　　我的戏码排在倒第二。大约十点来钟上场。一会儿场上打着小锣，检场的替我掀开了我在上海第一次出场的台帘。只觉得眼前一亮，你猜怎么回事？原来当时戏馆老板，也跟现在一样，想尽方法引起观众注意这新到的角儿。在台前装了一排电灯，等我出场就全部开亮了。这在今天我们看了，不算什么；要搁在三十七年前，就连上海也刚用电灯没有几年的时候，这一小排电灯亮了，在吸引观众注意的一方面，是多少可以起一点作用的。

　　我初次踏上这陌生的戏馆的台毯，看到这种半圆形的新式舞台，跟那种照例有两根柱子挡住观众视线的旧式四方形的戏台一比，新的是光明舒敞，好的条件太多了，旧的又哪里能跟它相提并论呢？这使我在精神上得到了无限的愉快和兴奋。

我打完引子，坐下来念定场诗，道白，接着唱完八句慢板。等上了彩楼，唱到二六里面"也有那士农工商站立在两旁"的垛句，这在当时的唱腔里面算是比较新颖的一句。观众叫完了好，都在静听，似乎很能接受我在台上的艺术。

其实，那时我的技术，哪里够得上说是成熟？全靠着年富力强、有扮相、有嗓子、有底气、不躲懒，这几点都是我早期在舞台上奋斗的资本。做工方面，也不过指指戳戳，随手比势，没有什么特点。倒是表情部分，我从小就比较能够领会一点。不论哪一出戏，我唱到就喜欢追究剧中人的性格和身份，尽量想法把它表现出来。这是我个性上对这一方面的偏好。

唱完三天打炮戏之后，许少卿预备了丰盛的菜和各种点心，请我们到客厅去吃顿夜宵。我们从他那掩盖不住的笑容和一连串的恭维话里面，看出他已经有了赚钱的把握和信心了。他举起一小杯白兰地，打着本地话很得意地冲着我们说：

"无啥话头，我的运气来了，要靠你们的福，过一个舒服年哉。"我望着他微笑，没有作声。凤二爷想起他不许我们唱杨家堂会的旧事，就这样地问他：

"许老板，我们没有给你唱砸了吧？"

许老板忸怩不安地赔着笑脸说："哪里的话，你们的玩艺儿我早就知道是好的。不过我们开戏馆的银东，花了这些钱，辛辛苦苦从北京邀来的名角，如果先在别处露了面，恐怕大家看见过就不新鲜了。这是开戏馆的一种噱头。"

推陈出新

在上海演出之余，梅兰芳还考察了上海新舞台上演的《黑籍冤魂》《新茶花》《黑奴吁天录》等几出新京戏。这些新戏多是以外国小说为背景改编，在演出中保留了京剧的场面，照样有胡琴伴奏，不过服装扮相上，已经有了现代化的趋势，给观众以耳目一新之感。很显然，这里给梅兰芳留下了深刻的印象，吸引他的除了新戏的内容，还有戏的形式和舞台。半月形的舞台视野开阔，没有北京的舞台上那时常拦住观众视线的两根大圆柱子；舞台上大面积使用电灯，也使得演员更具风采。除了舞台，吸引梅兰芳的还有新戏演员衣服中强调腰部的系带、头上波浪卷式的短发、以画幕为室内景的形式、无虚拟动作的朴实的话剧式表演等等上海之行，对梅兰芳的思想产生了极大的冲击。他说：

> 我初次由沪返京以后，开始有了排新戏的企图。过了半年，对付着排出了一出《孽海波澜》。等到二次打上海回去，就更深切地了解戏剧前途的趋势是跟着观众的需要和时代而变化的。我不愿意还是站在这个旧的圈子里边不动，再受它的拘束。我要走向新的道路上去寻求发展。我也知道这是一个大胆的尝试，可是我已经下了决心放手去做，它的成功与失败，就都不成为我那脑子里所要考虑的问题了。

自此，梅兰芳便开始改革旧戏，排演时装新戏，并由此开始了他持续一生的京剧改良事业。

1914 年的中国正处于新文化运动前夕，而远在千里之外的欧洲却爆发了第一次世界大战，此时各种新思想、新学术思潮涌动在社会各个领域。人们是怀着期待、好奇，甚至是有些批判的眼光看待这些新事物的。北京城里演出了一些新戏，这些戏完全打破了传统的程式，演员们穿着时装，操着新腔新调，演绎现实中发生的事情。那便是梅兰芳的新戏。1914～1916 年，梅兰芳集中排演了多出采自现实题材、警世贬俗的时装新戏，分别是揭露了娼寮黑暗、呼吁妇女解放的《孽海波澜》，反映官场的阴谋险诈、人面兽心的《宦海潮》，叙述女子为争取婚姻自由、与恶势力做斗争的《邓霞姑》，展示包办婚姻悲惨后果的《一缕麻》和提倡破除迷信的《童女斩蛇》。当然完成这些精彩创作的并不只有梅兰芳一个人，而是一个新老搭配、土洋结合的精英戏剧团队。这其中有京城伶界大佬、"翊文社"老板田际云和"双庆社"班主俞振庭，梅兰芳的好友冯耿光、吴震修、李释戡等一班"梅党"，以及梅兰芳的刀马旦戏老师路三宝，梅兰芳的同班演员李寿峰、李寿山、李敬山、程继仙，以及梅兰芳"御用"编剧、著名戏曲理论家齐如山等。

从上海回京之后，梅兰芳排演了一部新戏，这就是反映妓女悲惨生活的时装新戏《孽海波澜》。《孽海波澜》讲述良家女子孟素卿被逼为娼，最终与新人团聚的故事。这部戏是梅兰芳在田际云的支持下排演的，田际云是个维新主义者，他两次邀请同盟会员、革新派戏剧家王钟声赴京演出，清政府以"勾通革命党，时编新戏，辱骂官府"为名拘捕他，为此他曾入狱三个月。

由于没有把握好革新的基调以及准备不足，《孽海波澜》上演后在社会上的反响十分有限。总结经验教训，梅兰芳想到了与他志同道合的文化界的诸多朋友。他首先求助于齐如山。齐如山满怀热情地接受了。考虑到梅兰芳的表演路数以及观众当时的接受能力，齐如山试着编了一出仍穿旧式服装的新戏《牢狱鸳鸯》。剧情大意为，太原富户郦端甫之女珊珂与书生一见钟情，其父却将其另许吴氏；新婚之夜歹人金二朋潜入洞房杀死新郎，又逼迫珊珂未果而逃，珂父疑女与卫有私，官府拘珂与卫待决，后得巡按重审得释，且有情人终成眷属。此戏的演出极其成功，观众人山人海，持久不衰。由此，梅兰芳对齐如山更加信任和器重。齐如山也从梅兰芳精湛的演技中，看到了自己改革中国旧戏之理想得以实现的具体途径和成功的希望。

　　1915 年 4 月，由梅兰芳编演的另一部时装新剧《宦海潮》在北京首演，再次引起轰动。在上述多出新戏中最值得一提的就要数《一缕麻》了。《一缕麻》是梅兰芳推出多部新戏中的一部重要代表作，本是民国著名报人、小说家包天笑的小说，写的是清末林知府把女儿许配给钱道台之子，原是指腹为婚，钱少爷先天是傻，林小姐誓死不愿出嫁。林知府为保全封建体面，劝迫林小姐嫁到钱家。婚后林小姐患了白喉症，钱家上下怕传染不敢接近她，只有钱少爷日夜伺候在旁。林小姐经过治疗病情好转，而钱少爷却染白喉死亡的悲惨故事。这部小说最初刊登在《小说时报》上，被吴震修读到，推荐给梅兰芳，梅兰芳连夜读完小说，觉得确有警世的价值，便决定将其搬上舞台。为了保证编剧的水平，梅兰芳邀请齐如山担任专职编剧。此时的齐如山与梅兰芳之间已经不再只是书信往来的"函授"关系了，因为他实在太热爱京剧，终于抛却世俗专心襄助梅兰芳创作新戏。《一缕麻》由齐如山分场写提纲的第一出戏。在齐氏生花妙笔之下，包天笑的小说变得更加丰满充实，更加适合舞台。为了写得更加紧凑深刻，梅齐二人商量将结尾由林小姐为丈夫守节一生改为林小姐刺破喉管，悲愤自尽。这样的结局，不仅使全剧达到高潮，更渲染了该剧的悲剧气氛，同时"强调了指腹为婚的恶果，更容易引起社会上警惕的作用"。

1916 年 4 月 19 日，《一缕麻》在北京吉祥茶园首演就获得巨大成功，特别是林如智劝女儿上轿一场戏，经过吴震修、齐如山的修改，贾洪林的表演，层层深入，丝丝入扣，既曲折生动又合情合理。台下许多观众看到这里，不由得陪着林小姐一洒同情之泪。连梅兰芳都禁不住假戏真做，被贾洪林所扮演的林如智的无奈、哀求感动得心酸落泪。直到许多年以后，他对这场戏仍然记忆犹新。

《一缕麻》一演再演，在让观众为之痴狂的同时，也起到了警世贬俗的作用。《一缕麻》在天津演出时，天津的万宗石、易举轩两家正在商量儿女联姻，两家在当时社会都是有地位的人家，且彼此还是通家世好。万家的女儿许给易家的儿子，后来易公子不幸患了精神病，有人主张退婚，可是两家都碍于脸面，哪方都不愿先开口。他们有几个热心的朋友眼见万小姐一生的幸福就要被葬送，出于友情，就在剧场定了几个座位，请他们去看《一缕麻》。那天晚上，双方都去了剧场，万小姐也去了。万小姐看完回家大哭了一场，她的父亲被感动，终于下决心托人与易家交涉退婚。易家自然也无话可说，双方就协议取消了婚约。梅兰芳原本和万、易两家相熟，可他当时并不知道有此事。后来有一次他在朋友的聚餐会上碰到了万先生，万先生一五一十告诉了他。他听了后，大为惊讶，

《一缕麻》剧照，梅兰芳饰林纫芬

感慨地说："真想不到《一缕麻》会有这样的效果！"

在《一缕麻》之后，梅兰芳一班人又自编自演了一部新戏《邓霞姑》。这部戏描写女子为了婚姻问题与封建恶势力做斗争的曲折经过，邓某夫妇有三个女儿，长女云姑守寡，次女雪姑待嫁书生丁某，三女霞姑待字闺中。邓某亡，妻兄郑某拟将雪姑另待周士普以图财礼，并欲害丁某。霞姑获知其舅阴谋，并助雪姑与丁某出逃。郑某向周家谎报雪姑夭亡，周父到郑家质问，霞姑挺身而出，揭破阴谋，有情人终成眷属。这出戏最大特色，就是每个角色的唱词，都是由演员自己编写的。这出戏里，梅兰芳饰女主角邓霞姑，他为表现邓霞姑特有的气质和性格特别在编词时使用了不少新名词："婚姻大事，关系男女双方终身幸福，必须征求本人同意，岂能够嫌贫爱富，尽拿金钱为目的，强迫做主。现在世界文明，凡事都要讲个公理，像你这样阴谋害人，破坏人家的婚姻，不但为法律所不许，而且为公道所不容。"当时公演时，这些新名词往往是观众最喜欢、最认可的。最后霞姑与周士普结亲还用了文明结婚的场面，霞姑穿了礼服行鞠躬礼，这在当时都是非常新鲜的。《邓霞姑》的演出获得了良好的剧场效果，观众在看完戏后，一定要等司仪出来说"谢谢"才肯退场，就像他们把你们全部证和促进了婚姻自同一样。

《邓霞姑》自编戏词的成功让梅兰芳更为自豪，但也使他认识到演员文化水平各异，所编的戏词合在一起就不和谐。

然而，时装新戏所要

《邓霞姑》剧照，梅兰芳饰邓霞姑

百年巨匠
梅兰芳
Mei
lanfang
Century
Masters

求的内容与传统戏曲形式之间有着不可调和的矛盾。梅兰芳对此回忆说：

《邓霞姑》剧照。梅兰芳饰邓霞姑，姚玉芙饰周士普

> 在我的舞台生活中间，表演时装戏的时间最短，因此对它钻研的功夫也不够深……时装戏表演的是现代故事。演员在台上的动作，应该尽量接近我们日常生活里的形态，这就不可能像歌舞剧那样处处把它舞蹈化了。在这个条件之后，京戏演员从小练成的和经常在台上用的那些舞蹈动作，全都学非所用，大有"英雄无用武之地"之势。有些演员，正需要对传统的演技，做更深的钻研、锻炼，可以说还没有达到成熟的时期，偶然陪我演几次《邓霞姑》和《一缕麻》，就要他们演得深刻，事实上的确是相当困难的。我后来不多排时装戏，这也是原因之一。

梅兰芳的时装新戏轰动一时，对于用京剧表现当代题材进行了初步探索。此后，他又致力于古装新剧的排演和传统剧目的整理和加工。除了时装新戏以外，这段时间梅兰芳还排演了《嫦娥奔月》《黛

《嫦娥奔月》剧照。此为梅兰芳创编的第一部古装戏

百年巨匠
梅兰芳
Century
Masters
Mei
lanfang

玉葬花》《千金一笑》《春秋配》等多部古装新剧，其中《嫦娥奔月》
《黛玉葬花》堪称经典。

《嫦娥奔月》上演于1915年10月。这部戏中梅兰芳依据古画中
仕女装束，重新设计了嫦娥的古装扮相，一改老戏里长衣短裙装扮，
重新定做了一套短衣长裙；在头面方面也做了较大的改观，以素花和
浅淡的颜色衬托嫦娥的性格；为了突出嫦娥奔月的优雅造型，他还大
胆尝试使用了西剧舞台中的"追光"作为突出人物、烘托气氛的手
段。服装的新、化妆的新、灯光的新，使得这出戏一露面，立即就引
来一片叫好声，当时的观众普遍认为该戏一改传统是个创举。这年的
下半年，美国有一个教师团体来华访问。由美国人在华北创办的几所
学校的俱乐部委员会为欢迎这个教师团，决定换一种欢迎方式，由传
统的集会节目而改为举办一次中国京剧晚会。时任交通部路政司司
长的刘竹君力荐梅兰芳出演，他认为梅兰芳虽然年纪尚轻，刚刚20
岁，但是表演艺术却不同凡响，前途大有可为。于是，在外交部的安
排下，梅兰芳应邀在当时的外交部宴会厅为美国客人演出了他的新编
歌舞剧《嫦娥奔月》，受到在座的300多名美国教师的热烈赞赏，他
们一致认为梅兰芳的表演细腻动人，表达了中国古典戏剧的优点。这
大概是中国京剧演员最早在中国土地上向外国人介绍中国京剧。从
此，每当有外宾来访，在招待宴会或晚会上，梅兰芳的京剧表演成为
保留节目。据说，以后来华访问的外国人到北京有两样必看，一是长
城，一是梅剧。

《黛玉葬花》上演于1916年正月。"元旦开台"是梨园界自古流
传下来的传统仪式。通常在每年的腊月二十日前后，戏班都要封箱停
演，以示一年告终，暂时休息，准备过年。然后到元旦（即今天的春
节）那天，重新开始演出，就是元旦开台。每家剧场，在这一天，都要

举行同样的仪式性表演，表演的内容则基本上是一样的，有跳灵官、童子扫台等内容，讨一个"开市大吉""万事亨通"的彩头。多年以来，各家戏院的元旦开台仪式就是正月里京城观众唯一可以欣赏的舞台风景了。但是，在1916年的正月，除去元旦开台城观众又多了一件让人期待的大事，那就是梅兰芳的新编红楼剧《黛玉葬花》上演了。《黛玉葬花》选在这一年的正月十四在吉祥戏院首演，这是梅兰芳自走上京剧舞台以来排演的第一出红楼戏。

在《红楼梦》这部家喻户晓的古典名著中，林黛玉无疑是曹雪芹笔下最富有魅力的形象之一。她的芳洁弱质，她的孤傲秉性，她的一腔哀怨，她的内在激情，已经在数以千万计的痴心读者的纵情想象中定型。谁不想看一看自己心目中的林黛玉出现在舞台上时，会是个什么样子呢？

光绪年间，著名票友陈子芳曾排演过《葬花》《摔玉》两段，却失败了。这固然有扮相和情节诸多原因，但内行人却起了戒心。梅兰芳知难而上，决定冒险一试。为此，他不仅请人详细讲解《红楼梦》，熟读《葬花词》，还专门与人一起研究林黛玉的性格。反复商讨之后，决定单排一出小戏，便选择了《黛玉葬花》，由齐如山列提纲，李释戡编唱词，罗瘿公等朋友也参与策

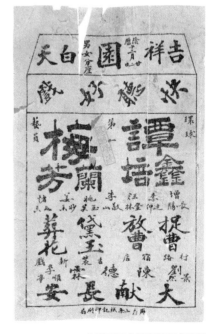

吉祥戏院《黛玉葬花》戏单

《电影与舞台》月刊 1924 年第一卷第 4 号登载的《黛玉葬花》剧照

划。情节上，共分六场，角色只有五个，为防场子过冷，将二十七回"埋香冢飞燕泣残红"与二十三回"西厢记妙词通戏语牡丹亭艳曲警芳心"结合起来，多一些穿插，剧情也活泼些。扮相上，葬花黛玉身穿大襟软绸短袄，下系软绸的长裙，腰里加上一条软纱短围裙，外系丝带，两边佩玉，回房时外加软绸素帔，缀有八个五彩团花；头面上，正面梳三个髻，上下垒成"品"字形，旁戴翠花或珠花。舞台上，更是将电光、布景、道具融合在一起，综合运用，为本身比较温的以增色不少。再加上饰宝玉的姜妙香、饰紫鹃的姚玉芙、饰袭人的诸茹香等技艺超群的角儿来担当主角，使这出戏未露面就受到观众的狂热期待。

演出时，梅兰芳以其清新脱俗、深刻生动的表演征服了观众。观众一致认为，不是梅兰芳在扮演林黛玉，他本人就是林黛玉。舞台上的黛玉一出场，一下子就吸引住了观众的目光。姜妙香在《谈梅兰芳的〈黛玉葬花〉》一文中，回忆梅兰芳出场时情景：

走得慢，站得直。亮相时，头稍昂，凝望前方目光闪闪像秋天的晨星一样。走向台中时，眼睑略垂，眼珠缓缓地转动，然后站住，脸上透出几分哀怨的神情，嘴角仿佛微微有些颤动。接着念引子："孤苦伶仃，一腔心事向谁论？"声调娇柔凄婉，这时场子里常是鸦雀无声。一个出场和亮相就把林黛玉的悲剧性格给显示了出来，一句引子就把舞台上凄切的气氛烘托了出来，把观众领进戏里去了。

这是我们两个人合演的第一出新戏，也是兰芳生前排演的第一出红楼戏。……全剧一共只有五个角色，场子相当地温，是一出人保戏的冷戏，但兰芳演来，使整个戏展现出优美的意境，有情有色，宛如一首清丽、哀怨的抒情诗。不仅蕴含着丰富的思想感悟，而且还闪烁着青春生命所放射出的光彩。

这出戏有一个十分突出的特点，就是在唱白中大部分采用了原著小说《红楼梦》中的原句。在林黛玉的性格刻画上，梅兰芳特别注重突出再现林黛玉执拗倔强的性格，以及同那个没落的封建大家庭格格不入的内心世界，而对于以往红楼戏剧中非常突出的林黛玉弱不禁风和多愁善感的描写，他却多是一带而过。比较引人注目的是。在葬花一段，梅兰芳有一大段且歌且舞的表演。"花谢花飞花满天，随风飘荡扑绣帘。手持花帚扫花片，红消香断有谁怜。取过花囊把残花敛，携到香冢葬一番。"几句西皮倒板和慢板就把黛玉以花自况，惜花惜人的一片心声和盘托出。

在梨香院里黛玉听曲一段，梅兰芳的表演和帘内人的伴唱有机地结合在一起。后台所唱是两段昆曲，均取自汤显祖的《牡丹亭》。这两段昆腔是由梅兰芳的老师、昆曲名家乔惠兰先生演唱的。梅兰芳听曲时的表演出神入化，准确把握住了黛玉当时的心情。尤其是面部表情的变化，可以称得上是心随曲转，层次分明，将此时黛玉心中的万端感慨传达得细腻深刻、淋漓尽致。当年在《黛玉葬花》中扮演紫鹃的姚玉芙对这段表演有着深切的感受："兰芳演这段戏时，让观众能看出黛玉心里有团火在燃烧，可是火苗被压抑着冒不出来。"

梅兰芳不仅是京剧大师，也是昆曲大师，他的舞台生涯就是从昆曲《长生殿·鹊桥密誓》织女开始的。由于昆曲的历史早于京剧，在京剧形成过程中也吸收了昆曲的很多内容，旧时戏班演戏，都是京昆兼演，在班中形容演员戏路宽，经常用一句"文武混乱不挡"，就是说不论文戏、武戏、昆曲、乱弹都能演出，后来由于皮黄兴起，京剧越来越受欢迎，昆曲反而日渐衰落，成了京剧演出中的调剂。在这种情况下梅兰芳大胆地提出拯救昆曲：

> 我提倡它的动机有两点，一、昆曲具有中国戏曲的优良传统，尤其是歌舞并重，可供我们采取的地方的确很多；二、有许多前辈们对昆曲的衰落失传，认为是戏剧界极大的损失，他们经常把昆曲的优点告诉我，希望我多演昆曲，把它提倡起来。

> 恐怕有人会奇怪我同时走的两条路子，有点矛盾，既然在创编古装新戏，为什么又要搬演旧的昆曲呢？这原因太简单了，凡是一个舞台上的演员，他本身惟一的条件就是要看演技是否成熟。如果尽在服装、砌末、布景、灯光这几方面换新花样，不知道锻炼自己的演技，那么台上就算改得十分好看，也是编导者设计的成功，与演员有什么相干呢？艺术

是没有新旧的区别的，我们要抛弃的是旧的糟粕部分，至于精华部分，不单是要保留下来，而且应该细细地分析它的优点，更进一步把它推陈出新的加以发挥，这老师艺术进展的正规。

1914 年 1 月，梅兰芳曾在庆丰堂拜京昆旦角名家陈德霖为师，学习昆曲旦角戏。与此同时，他还遍访李寿山、乔蕙兰、孟崇如、屠星之、谢昆泉、陈嘉梁等多位昆曲名师，采众家之长，一口气学会了 20 多出昆曲剧目。当时许多昆曲艺人都将昆曲艺术振兴的希望寄托在梅兰芳身上，1918 年上海中华书局出版的《梅兰芳》一书中说："都中昆曲衰败之极，都中诸名士谓欲振举昆曲非梅郎不可，共劝其习之。"就在梅兰芳大举编创新戏的同时，他也积极研究改良昆曲。

1918 年，梅兰芳重新编排并演出

《游园惊梦》剧照。梅兰芳饰杜丽娘，姜妙香饰柳梦梅

了《游园惊梦》。这部《游园惊梦》被后世奉为梅派昆曲的经典，中国戏曲艺苑中的奇葩。《游园惊梦》取材于汤显祖《牡丹亭》传奇，说是大家闺秀杜丽娘与丫鬟春香到后花园游春，看到断井颓垣，顿生伤春之感；回房休息，梦中与书生柳梦梅相见，得花神护翼，二人定情而别；醒后仍回味梦境，神情恍惚，渴盼再会柳梦梅。昆曲剧本曲文高雅，词义精深，梅兰芳为排此戏，先后向名家俞粟庐、俞振飞、丁兰荪学习探讨曲谱，向罗瘿公、李释戡学习曲文。在梅兰芳看来，"几百年前旧社会里的一般女子，受到旧家庭和旧礼教的束缚苦闷，在恋爱上渴望自由的心情是并无今昔之异的 …… 杜丽娘的身份，十足是一位旧社会里的闺阁千金 …… 到底她是受着旧礼教束缚的少女，而这一切又正是一个少女生理上的自然的要求"。这样，梅兰芳紧紧抓住"羞"和"爱"来刻画杜丽娘。梅兰芳的弟子言慧珠曾谈到老师的一段韵白：

> 蓦地游春转，小试宜春面。春呐，春，得和你两留恋，春
> 去如何遣？恁般天气好困人也。

这两句五言诗，梅先生念得段落分明，而且两句之间似断而连。"春呐，春"这两个"春"字念得又清晰又响亮，充分表现出杜丽娘"我欲问天"的心情。接下来三句略有停顿，音节之间仿佛经从以辗转深思的味道。正因为这几句念白不但念得动听，而且传神，他把杜丽娘伤春的感悟完全表达出来了。所以每次念到这个地方，台下总是鸦雀无声，连他在叫板之前轻轻地叹的那口气，观众都能听得清清楚楚。

后来 1961 年的《文汇报》这样评论梅兰芳的表演：

> 在《游园》中，他把杜丽娘的怀春表现得较为含蓄，脉脉

含情，言行拘谨，半带羞涩，给人一种郁闷的感受，形体动作很文静，对于一个深居闺房中的大家闺秀，注意到神态是真实的……在《惊梦》中，梅兰芳同志表现的杜丽娘的怀春就不同了。他的感情比较外露，不那么收敛，不那么含蓄了大概因为是在梦中，内心的感情掩藏得少一些吧。你看，杜丽娘的神色略带迷惘，眼神中露出少女特有的娇媚之态，柳梦梅牵着她的时候，她如醉如痴，面带幸福娇憨的微笑，飘然而逝。

和他长期合作、柳梦梅的扮演者俞振飞先生回忆说：

在这出戏里，梅先生无论是唱、念、做，都有许多突出的地方。通过他的优秀的表演，不仅表现出了杜丽娘的温婉、娴雅、贞静的性格，还把这位深锁幽闺的少女心灵深处的寂

《游园惊梦》剧照

百年巨匠

Century
Masters

梅兰芳
Mei
lanfang

窦、空虚、惆怅、彷徨的心情，在唱做中恰如其分地流露出来，而且演来层次分明，让每一个细心的观众都能明显地感觉到。……尤其难得的是这几个不同层次的表演他不是简单地依靠面部，而是把人物在各个阶段的不同心情的感受，贯穿在全部唱、念、身段和面部表情中。而且在每一层次的转变之间，毫无矫揉造作之弊，真正达到了浑若天成的境界。《惊梦》一场因为表现的不是普通的梦境，似真非真，似幻非幻，似虚非虚，似实非实，所以杜丽娘的宁与此相适应，既不能过实，又不能过虚。过实则易于损伤梦的意境，过虚又极易流于轻浮，最好的表演是在缠绵中表现出一些飘忽感。……

梅先生还有一个独特的本领，就是在台上有一种特别巨大的感染力和一种特别灵敏的反应力，能够感染别人，配合别人，使彼此感情水乳交融，丝丝入扣。……而且他的步法看上去飘飘然似乎很快，却一点没有急促的感觉；一起一止都合着柳梦梅的唱腔的节奏，但又不是机械地踩着板眼迈步，这份功力，真当得起"炉火纯青"四个字了。

据统计，从 1914 年到 1918 年的五年间梅兰芳共排演古装和时装的京剧新戏 14 部，改编演出了大量昆曲名段，在赢得观众好评的同时，也为民国初年的京剧改革和昆曲振兴发挥了巨大的作用。梅兰芳摸索出了丰富多样的表演技巧，创新着旦角的表现力。他对太原晋祠、龙门石窟等许多文物建筑中的仕女塑像反复观察，最终取得灵感，创造了的兰花指这一手势，最终获得了业界和观众的一致赞扬。在梅兰芳的从艺历程中，仅旦角手姿，他就创造性地演变出 53 种之

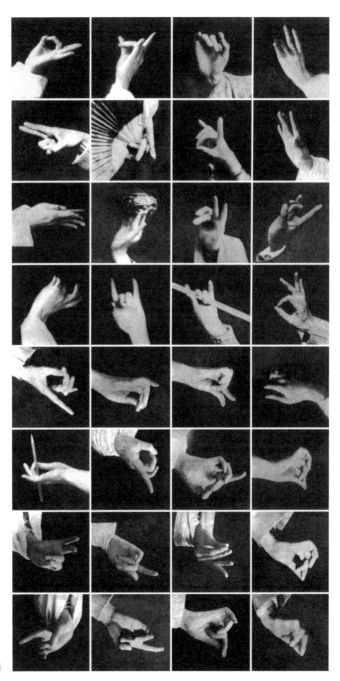

梅兰芳艺术手式选

百年巨匠

Century
Masters

梅兰芳
Mei
lanfang

梅兰芳艺术身姿选

多，成为后世梅派京剧演员的必修课程，也是梅派京剧里最为美丽动人的形姿之一。梅兰芳还对旦角化妆进行了一些革新尝试。他通过观摩、借鉴，结合不同时期古代文物仕女图的女性造型特点，让旦角扮相变得更加唯美，既顺应了观众的审美要求，也让演员可以更加从容地塑造人物。唱腔和曲牌方面，梅兰芳在其演出的每部剧目中都有所创新。这些新唱腔、新曲牌在后来的舞台演出中被广泛运用。

许多年后，有戏曲专家这样评价：

> 梅兰芳完成了京剧旦角表演艺术上的重大革新，卓有成效地突破了传统正工青衣专重唱功、不讲究身段表情的局限，完成了对青衣、花旦、刀马旦的综合。梅巧玲、王瑶卿未竟的事业，在这个 20 岁的年轻人身上完成了 —— 梅派，作为最有典范的旦角艺术流派正式屹立在艺术舞台上。

著名的戏剧理论家晏甬曾在《梅兰芳艺术生活的道路》一文中这样写道：

> 梅兰芳真正的艺术创造开始在他 20 岁以后，那时，他已经是一位驰名京沪的京剧演员了，可以得到很高的"包银"。按说"继承上辈的行业，吃饭养家"的目的已经达到了，并且早已大大超过了预期和限额。我们知道，在那个时代，多少有才能的演员曾经在这一级阶梯上停步不前了啊！他们再也不敢在艺术上进行什么新的探索了，再也不愿向上攀缘一步了，也有就在这时开始了不择手段地追求名利，甚至堕落腐化。然而梅兰芳在这关键的一步上，却是勇敢地走上了正途。他首先的考虑是，应当如何提高艺人的社会地位。经

过探索，他找到了一条道路，那就是要提高戏曲演员的地位，必须使京剧艺术对推动社会的前进起一定的作用。无疑，这个想法是正确的。这些看起来不过是艺术创造上的一种想法，在实际上却是把艺术同当时的民主革命运动联系起来了，使得京剧艺术的发展得到了一种新的动力。

排演《嫦娥奔月》的尝试（节选）
——梅兰芳自述三

第二天齐先生已经草草打出一个很简单的提纲。由李先生担任编写剧本。大家再细细地把它斟酌修改，戏名决定就用《嫦娥奔月》。这样的忙了几天，居然把这剧本算是写好了。跟着就轮到嫦娥的打扮，又成为我们当时研究的课题了。我的看法，观众理想中的嫦娥，一定是个很美丽的仙女。过去也没有人排演过嫦娥的戏，我们这次把她搬上了舞台，对她的扮相，如果在奔入月宫以后还是用老戏甲的服装，处理得不太合适的话，观众看了仿佛不够他们理想中的美丽，他们都会感觉到你扮的不像嫦娥，那么这出戏就要大大地减色了。所以我主张应该别开生面，从画里去找材料，这条路子我们戏剧界还没有人走过。我下了决心，大着胆子，要来尝试一下。在这原则确定以后，我的那些热心朋友，一个个分头替我或借或买的收集了许多古画。根据画中仕女的装束，做我们创制古装戏的蓝本。

嫦娥的扮相设计完成以后，应该装扮起来，试演一番，这也是在草创的过程中应有的手续。我们就选定了冯幼伟先生的家里试演。他住在煤渣胡同，是一所四合院，倒座五间，隔成两大间。我们就在三间打通的那个客厅里面，拿两张大的八仙桌子，并拢了放在最里面靠墙的一边，这就算是我们临时搭的戏台了。他们全都坐在靠门的一边，算是临时的看客。屋里的电灯都关黑了，只剩下里间靠近这小戏台的电灯是开得很亮的。我们把这间客厅草草地变换了一下，也居然像个小戏馆子。而且灯光的配置，像这种"台上要亮，池座要暗"的方法倒很合现代化的灯光设备。在当时各戏馆里，还没有采用这样的布置呢。大家看了，都高兴得笑了起来。

我穿了第三次改成功的新行头，走上了这小戏台，把我跟齐先生研究好了的许多舞蹈姿势，一种种地做给他们看。今天的看客成心是来挑眼的，有不合适的地方，马上就会走到台口来纠正。同时舒石父先生手里还拿着一把别针，发现我的衣服，哪儿显得太宽，或者裙子的尺寸太长，就走过来在我的身上一个个地别满了别针，简直跟做西服的裁缝给我试样子的情形差不了许多。行头的颜色方面，吴震修先生的意思，认为不宜太深，尤其是不能在上面绣花，应该用素花和浅淡的颜色，才合嫦娥的性格。我这次就是照这样做的。

这几位热心朋友，那一阵早晚见面讨论的，便是嫦娥问题。这样足足忙了一个多月，看看中秋到了，还不敢出来见人。又继续研究了一个多月，报上一再把消息登载出来，好些朋友也知道有这件事，都盼望着"嫦娥"早日出现。就是旧历九月二十三日的白天，吉祥园果然贴出了我的《嫦娥奔月》。这一天午饭刚刚吃完，馆子的座儿已经满了。这班观众里面，有的是毫无成见专为赶这新鲜场面来的。有些关心我的朋友，他们没有看见我的新扮相，心里多少替我担上几分忧，怕我一会不定变成一个什么古怪的模样了。有些守旧派的观众，根本不赞成任何演员有改革的举动，他们也坐在台下等着看笑话。只有我们集体创造的几位朋友，前台、后台、灯光、布景，样样都赶着帮我布置，兴奋得几乎忘记了他们自己的忙乱和疲劳。每个人都怀着一腔愉快的心情，脸上挂着微微的笑容，等着看我从月宫里变出一个舞台上从来没有看到过的画中美人来。

当时一班守旧的观众，看到有人都打破成规，另辟新的途径，总是不赞成的。他们批评我在新戏里常用老戏的身段，不能算是创作。我记得他们还用过这样两句对得很工整的四六体的老文章："嫦娥花镰，抢如虹霓之枪；虞姬宝剑，舞同叔宝之剑"来形容我的《奔月》和《别姬》，他们的言外之意，就是说我偷用了老身段，这实在一点也没有说错。嫦娥的"花镰舞"，我的确是运用了《虹霓关》的东方氏和王伯当对枪的身段，加以新的组织的。艺术的本身，不会永远站着不动，总是像后浪推前浪似的一个劲往前赶的，不过后人的改革和创新，都应该先汲取前辈留给我们的艺术精粹，再配合了自己的功夫和经验，循序进展，这才是改革艺术的一条康庄大道。如果只是靠着自己一点小聪明劲儿，没有什么根据，凭空臆造，原意是想改善，结果恐怕反面离开了艺术。我这四十年来，哪一天不是想在艺术上有所改进呢？而且又何尝不希望一下子就能改得尽善尽美呢？可是事实与经验告诉了我，这里面是天然存在着它的步骤的。就拿古装戏来说，我初演《嫦娥奔月》，跟后排的《天女散花》比较起来，似乎已经是从单纯而进入复杂的境地了。难道说我是成心要先求简单后改复杂的吗？在我初创古装戏的时候，也是用尽了我的智慧能力，把全副精力一齐搬出来认真干的。只是因为经验与学历都不够丰富，所以充其量只能做到那个地步。

第十三场嫦娥与众仙姑在广寒宫里饮宴，庆贺中秋佳节。这是全剧最末的一场。饮罢，众仙姑散去，嫦娥更衣，加上了一件软绸的帔，胸前还佩了一块玉。她看到下界众生，双双成对，庆贺团圆，感到她独处寒宫，清清冷冷，是胜强百倍，不觉动了凡心，深悔当年不该偷窥灵药。这底下有一段"袖舞"，唱的是河南梆子："碧玉阶前莲步移，水晶帘下看端的，人间夫妇多和美，鲜瓜旨酒庆佳期。一家儿对饮谈衷曲，一家儿携手步迟迟。一家儿并坐秋闺里，一家儿同进绣罗帏。想嫦娥闭在寒宫内，清清冷冷有谁知。"唱完了再念两句"当年深悔偷灵药，碧海青天夜夜心"下场。至此全剧告终。这儿的身段，跟前面采花一场的性质完全不同。胡琴拉过门的时候，动作不多。一切袖舞的姿态都直接放在唱腔里边，把一家家欢乐的情形，一句句地描摹出来。唱做发生了紧密的联系。这是我从昆曲方面得到的好处。

第二章 ― 散 花

从广大的意义上言之，我们此来是要尽我们微小的力量，促进文明人类的最恳切希望的和平。按照历史的例证说来，真和平是不能够从武力上得来的；人类希望的和平，不是暴乱后的平静，真的和平是要从精神理智与物质里面增进人类的发展和生长，要维持世界的真和平！

人类要互相了解，互相原谅和同情，是要互相扶助的，不是要互相争斗的。我们中美两大民族，希望的人类和平是根据国际信用和好感；要达到这个目的，需要大家从艺术和科学上有具体的研究；要明了彼此的习惯、历史的背景及彼此的问题和困难。

东渡扶桑

百年匠匠
Century
Masters
梅兰芳
Mei
Lanfang

　　《天女散花》是梅兰芳排演于1917年的一部古装新戏，也是梅兰芳先生早期经常演出的古装戏之一。《天女散花》的故事，源出于佛教《维摩诘经》：维摩居士病于毗耶离大城，释迦牟尼命文殊师利率诸菩萨弟子前往问疾，又命天女去该处散花，以验结习。天女乃离众香国，携花篮前去维摩室中，散花于众菩萨。据说，梅兰芳创作这出

《天女散花》剧照。梅兰芳饰天女

戏的动机来源于一幅古画《散花图》，"见天女的样子风带飘逸，体态轻灵，画得生动美妙"。梅兰芳便借了这幅图，反复端详、琢磨，画中天女长长飘动的风带，使他联想到自己艺术的发展道路。当时，剧界名角演戏大有无怪不成派的倾向，他觉得，这固然有成为艺术特点

徐悲鸿绘《天女散花图》

百年巨匠
Century
Masters
梅兰芳
Mei
Lanfang

的方面,但也存在弄俏作嗓的成分。自己怎能从一般中出不俗,依据在旦青衣的规律,破格发展,无怪也要成派。于是他便从风带上产生了舞动的意念,这种想法一旦萌生,思绪如开闸洪水再也难以抑制。他从《哪吒闹海》的抽龙筋,想到敦煌壁画的飞天仙女;从静阒月夜的少女愁思,想到在绿幕氍毹上的飞花曼舞……由此,首创了京剧中的"绸带舞":

绸带舞的基本动作,很多地方是根据"三倒手"和耍双家伙的法则。有的地方就如同耍花枪一样,要把手背抢开,将带子在前后左右要出同"车轮"一样大小的花样,好像把人裹在当中。有的地方或在头上或在身子左右舞出"回文""套环"等形式大小不同的花样。有的地方是在上下左右舞出同"螺旋""波浪"等等长短不一的花样。这种舞法有时是在两边对照着同时来做的,有时是一顺边的,有时是一上一下的,有时是先左后右或先右后左的,有时是从里往外或从外往里的。有时还夹在"鹞子翻身"里走大小圆场里来做的。再有是把两根豆子并在一处变成一要,也舞出偈上面这种姿势,所怕的是带子同带子绞在一起,或是带子绕在腿或胳膊上,或是同丝缘绕住,所以功夫要十分熟练,才不会有这种现象。

"绸带舞",极大地丰富了京剧舞蹈艺术的表现形式。在剧中,梅兰芳扮演的天女如同画中一样风带飘逸,翩翩起舞,体态轻灵,生动美妙。徐悲鸿看了梅兰芳的《天女散花》,被天女美丽造型深深打动,为他画了一张大型油画《天女散花图》画面上云雾缭绕,天女飘然而至,人物线条清晰,风带飘逸,面部表情庄重、安详,脸部用西洋画法,其他则用中国画笔完成。并题诗曰:"花落纷纷下,人凡宁不迷。庄严菩萨相,妙丽藐神姿。戊午暮春为畹华写其风流曼妙、天女散花之影 —— 江南徐悲鸿。"后来编剧罗瘿公又添绝句一首:"后人欲知梅郎画，无术灵方更驻颜。不有徐生传妙笔，安知天女在人间。"
梅兰芳的《天女散花》，就这样惊艳了一代又一代的中外观众。

而在现实中，梅兰芳也如一位"散花仙女"，用毕生的精力，将
中国京剧艺术的花瓣播撒向全世界。

1919年是中国历史上具有重要意义的一年，以五四运动为标志，
中国的新文化运动从这一年大规模兴起。正是在这年年初，梅兰芳与
著名老生演员余叔岩合作成立了"喜群社"，在北京新明大戏院连续
演出《天女散花》《贵妃醉酒》等梅派代表性剧目。"喜群社"的演
出叫好又叫座，不仅吸引了京城内外的京剧戏迷，还引起了海外戏剧
界的关注。

一天，两位日本客人来观看《天女散花》，戏后他们对梅兰芳的
扮相、身段、舞姿大加赞赏，决定邀请梅兰芳到日本演出，这两位日
本客人一个是日本著名的文学家、"中国通"龙居濑三，另一位就是
日本东京帝国剧场的老板、大财阀大仓喜八郎。两位日本客人来到位
于前门外北芦草园胡同的梅宅（梅兰芳于1916年搬来此处），诚挚邀
请梅兰芳到日本演出。

1919年4月26日，梅兰芳应大仓男爵之邀在帝国剧场的东洋轩食堂用餐后与部分
人员合影（右起：泽村宗之助、梅兰芳、大仓喜八郎、尾上梅幸、姚玉芙、松本幸四郎）

百年巨匠
梅兰芳
Century
Masters
Mei
Lanfang

　　龙居濑三先生是日本当时最著名的汉学家之一，对中国文化、中国艺术都颇有研究。他特别爱看梅兰芳的戏。每次到北京来，必得看梅兰芳的表演，并且无一日间断。他和大仓喜八郎是好朋友，便把对梅兰芳表演艺术的喜爱告诉了他。大仓喜八郎在龙居濑三的影响下，也逐渐对梅兰芳的演出产生了兴趣。

　　一次，龙居濑三先生从北京回国后，写了一篇介绍梅兰芳的文章，盛赞梅兰芳的戏剧表演。他说，即使不谈梅兰芳演剧技术的高妙，仅就他那面貌之美，如果到日本来演出一次的话，也会将日本的美人都比成粪土了。这篇文章在报纸上发表以后，激起了许多日本人的反对。当即就有几家报纸起而争辩，结果当然是不了了之。但梅兰芳的名字却随着这场文字纠纷，在日本先声夺人了。

　　基于这件事情，龙居濑三先生便抱有一桩心愿，一定要请梅兰芳到日本去做一次演出。大仓喜八郎和他对梅兰芳的造访，正是他的主意。

　　梅兰芳早就有把中国古典戏剧介绍到国外去，听一听国外观众看法的愿望，但心中还是有些顾虑，但是和梅兰芳同座的齐如山却认为这是个好机会。就这样，在齐如山的协调斡旋下梅兰芳接受了邀请，决定在当年4月赴日演出。多年以后，梅兰芳在他的回忆中写道："在1919年，日本东京帝国剧场要我到日本去做一次旅行演出。我很早就有这样一个愿望，想把中国古典戏剧介绍到国外去，听一听国外观众对它的看法，所以我很愉快地答应了这个邀请。"

　　梅兰芳访日演出的事情终于定了下来。带什么剧目赴日呢？梅兰芳的《天女散花》一类歌舞剧当时在舞台上正受欢迎，大仓喜八郎和龙居濑三先生对这些歌舞剧也十分喜爱。可是，秉性倔强的齐如山却不同意只带歌舞剧去日本。他认为，这次出访，不是梅兰芳到外国演戏，而是中国戏去外国演出。歌舞戏无法代表中国戏曲的全部。好脾气的梅兰芳从来都十分注重倾听别人的意见，更何况他对齐如山先生一直是敬佩有加呢。于是，赴日演出的剧目按照齐如山的意见进行了排列：以《御碑亭》《女起解》《武家坡》《游龙戏凤》等旧戏为主，还带上了《游园惊梦》《思凡》等一两出昆曲戏。当然，经日本人要求，也没有忘记《天女散花》《嫦娥奔月》《黛玉葬花》等歌舞剧。

梅兰芳即将访日的消息不胫而走，另外一些西方国家也是闻风而来，希望梅兰芳到更远的美、法等国演出。1919 年第 4 期的《春柳》杂志有这样的报道：

> 梅兰芳就日本之聘，言明一个月。出五万元之包银，大日本已成为破天荒之高价，而中国伶界得如此之重聘，亦未前闻。已定议四月中旬前往。美国以为梅兰芳宜先到美国一行，来回约五个月，以三十万美金聘之。法国又以为兰芳不到法国，则以法国之剧艺美术论，不足以光荣。无论须银若干，法国不惜。一名优出洋小事也，外国当仁不让，亦可见矣。然而兰芳不肯做拍卖场之行为，仍按约日本。

"不肯做拍卖场之行为"，不为金钱所动，信守承诺，这就是梅兰芳的为人准则。就这样，4 月 21 日梅兰芳正式离开北京，开始了他一生中的第一次出国演出。随梅兰芳一同赴日的，除夫人王明华外，还有包括齐如山、茹莱卿在内的一支 30 余人的演职人员团队。梅兰芳出行那一天，北京正乐育化会数百名会员聚集北京前门东车站，敲锣打鼓，盛况空前。因为这是有史以来京剧第一次出国演出，而且是到号称"亚洲第一强国"的日本演出，其象征意义更为突出。

经过将近五天的旅途奔波，4 月 25 日晚 8 点半，梅兰芳及其一行

梅兰芳与夫人王明华在赴日轮船上留影

抵达东京。一路上，日本的美丽景色给梅兰芳、王明华夫妇留下了深刻的印象，事后，梅兰芳写道："我看到初夏的田野，山河的清新颜色和很整齐的耕地，觉得很高兴。特别是今晚我看到富世山的时候，高兴地跳起来了……"

1919年4月26日的日本《都新闻报》报道了梅兰芳到达东京车站时的盛况："昨晚八点半，支那名伶梅兰芳一行三十五位到达东京站。很多人到站台去欢迎，都想看看这位名伶。各社摄影记者为了拍摄这个场面拥挤得像打架一样。梅本人不用说了，就连同来的所有的人也没有一位能走动一步。"几天之后，当时中国驻日本使馆专门为梅兰芳到来而举办了一个大规模的酒会。出席酒会的，不但有各国的大使，还有日本整个的内阁，甚至总理也来了。酒后演了一出小戏，大家欢迎的情绪极其热烈。赞美赏识之言辞，不绝于耳。在场的使馆工作人员，都高兴极了。驻日本使馆的代办公使专门找到齐如山说：
"一个代办公使请客，所能请到的最高官员，也就是外交次长了。总
长很难到的。而这次请客，内阁总理都惠然前来，真可以说是史无前
例的。这都是梅兰芳的面子。"齐如山听后也高兴地说"也可以说是
中国戏的力量"。

5月1日，梅剧团在日本帝国剧场正式演出，戏目是《天女散
花》。5月3日《国民新闻》发表凡鸟的评论文章《显示了天赋的艺
术风貌，梅兰芳第一天的演出》，说：

> 梅最精彩的地方请注意他扮演的天女踏上缥缈的云路时
> 的舞姿，真是举世无双。他很重视一举一动的定形，这点很
> 酷似日本押舞俑。而且从一个定形到另一个定形的过程是用
> 柔软的动作和手势衔接起来的，不知该怎么形容它才好……
> 他那自如的动作和大方的舞台技巧有着第一流演员的风范，
> 给人的印象愉快。特别是散花的身段，极尽轻松活泼之能
> 事，姿态妙趣横生。

接下来的一个月的时间里，梅兰芳先后在东京、大阪、神户三地
演出，先后演出了《天女散花》《御碑亭》《黛玉葬花》《虹霓关》《贵
妃醉酒》等剧目。演出期间梅兰芳受到了日本观众近乎狂热的欢迎，
东京帝国剧场的票价翻了一倍，而在黑市上更是被炒到数倍或数十
倍，有人统计说在此期间至少有6千万日本人"为之疯狂"，所到的
剧场都是天天爆满，日本皇后和公主特别订下帝国剧场的一号包厢，
多次观看。一时间，许多日本演员纷纷尝试模仿梅兰芳的扮相、手
势、眼神，被称为梅舞，日本著名中村雀右卫门甚至专门编排了日文
版的《天女散花》。日本的各大媒体竞相报道演出盛况，并发表剧评。

百年巨匠
Century
Masters
梅兰芳
Mei
Lanfang

帝国剧场全景

梅兰芳与日本歌舞伎演员中村歌右卫门（五世）及其子合影

日本戏剧通福地信世在文章中写道：

> 他还很年轻，但他的艺术，他的嗓子，足以说明他是第一流的演员，他红得跟中村哥右卫门（五世）的福助时代一样，除了我前面说过的梅兰芳在表演中国固有的剧目中没有缺点以外，他还发明了他个人独有的艺术风格。

> 他把唱词设计成清新悦耳的腔调，又把舞蹈身段加了点西洋舞姿，服装是按照当时古老的服饰样式设计的。他的表情不是以往的旧支那剧那样常见的呆板，而是从内心自然显示出来的富有深情的表演……这就是梅兰芳独有的东西。目前有人担心支那戏剧同当时的世界趋向不相适应，将成为日本能乐那样的一种艺术古董，远离现实社会；但是我觉得梅的新尝试能与正在进步的社会步调一致，同它一起前进，将来是有希望的。我想，梅来到日本看了日本的剧目、舞俑，这对他来说也许会有更多地吸收。

确实如此，此次赴日演出，于梅兰芳来说也是一次学习日本戏剧文化的绝好机会。在日本期间，他专门抽出时间观看了大量的日本歌舞伎演出，结交了一批歌舞伎朋友，其中不乏中村雀右卫门、尾上梅幸、宁田勘弥、河合五雄等一线歌舞伎演员。观剧和交流的过程中，梅兰芳发现歌舞伎与中国古典戏剧从取材、艺术加工和表演的手法有很多共通之处，"彼此声气相同，呼吸相通"，对此他特别指出：

> 此次访日受到了各方面的刺激。首先我觉得以往的京剧不但跟时代没有联系，而且在布景、服装方面考虑得不够。应该从这些方面加以改良，否则京剧不能进步。另外，日本

戏剧有旧剧、新派剧、喜剧的区别，但在艺术上同我们比较起来，更注重技巧，我们则只用身段来表示喜怒哀乐。所以，看了他们精致巧妙的表情，使我们惊诧不已。

此次在日本演出期间，恰逢国内五四运动爆发，中国留学生致信梅兰芳，建议他提前结束演出，为此梅兰芳专门派人向剧场提出交涉，但经不住剧场方面的苦苦哀求，只好按照原订的合同继续演出，但坚持要求剧场撤掉写有"日中亲善"宣传标语。梅兰芳本想在5月7日"国耻日"这天停止演出一天，以表明他的爱国立场，但是当天的戏票早已售出，临时停演会给剧院和观众都造成很大损失，梅兰芳了解到这些情况决定按原计划出演。终梅兰芳一生，他没有耽误过一次演出，这也是一个艺术家的职业修养。

站在另一个角度上，梅兰芳的演出推动了中国传统文化向日本乃至全世界的传播和输出。在那个特殊的历史背景下起到了彰显民族形象、改善民族关系的良好作用，许多日本人因此对中国传统文化以及中国人产生了新的感受。当年的《春柳》杂志曾写道：

> 甲午后，日本人心目中，未尝有中国文明，每每发为言论，亦多轻侮之记号。至于中国之美术，则更无所闻见。除老年人外，多不知中国之历史。学校中所讲授者，甲午之战也，台湾满洲之现状也，中国政治之腐败也，中国人之缠足、赌博、吸鸦片也。至于数千年中国之所以立国者，未有研究之。今番兰芳等前去，以演剧而为指导，现身说法，俾知中国文明于万一。

多年以后，回忆起此次旅行演出时梅兰芳依然心情激动，他曾说道："我觉得，中国京剧能够为日本人民理解和欣赏，是我的光荣和愉快。"

谈到梅兰芳此次访日的成功，戏剧理论家周华斌教授曾经这样评论：1919年梅兰芳首次访日时，中日两国在社会意识形态领域已存在比较尖锐的矛盾，但尚未形成国家和民族之间的全面冲突。在民间，文化交流和艺术交流依然能比较正常地进行。梅兰芳卓越的京剧表演艺术跨越了语言、跨越了国界，也跨越了意识形态的障碍。即使从未接触过中国戏曲、不具备专业知识的日本观众，也给予梅兰芳的表演一片赞扬之声，为梅兰芳的"美"而倾倒。事实证明，日本大众没有把梅兰芳的公演看作是意识形态砝码，广大民众只是为梅兰芳表演艺术的魅力所折服。其时，留日的中国学生曾写有威吓性的匿名信，出现了反对梅兰芳在日本演出的"国耻日"风波。梅兰芳一度打算停演，主办方帝国剧场临时摘掉了政治性较强的"日中友好"牌匾，打出了比较客观的"艺术无国界"的旗号，化解了矛盾。相反，当有的官员有意强调"中日亲善"的政治性话语时，日本观众反而感到有意牵扯政治，多此一举。梅兰芳是作为艺术家进行访日公演的，媒介关于他的报道和评论也集中于东方艺术和"美"的魅力。

1919年梅兰芳赴日演出，是中国京剧首次走出国门的壮举。梅兰芳也因此成为向海外传播中国传统文化的艺术先驱。

赴日演出的成功，让梅兰芳认识到戏剧在文化交流、文化传播方面的重要作用，也增强了他对出国演出的自信心。梅兰芳做事沉稳，但并不因循，对于新鲜事物他还是愿意尝试的。1920年梅兰芳到上海演出时，商务印书馆电影部找到他，建议他拍摄两部戏曲题材的电影，在国内上映的同时也送往国外播放，为梅兰芳以后出国演出做

《春香闹学》剧照。梅兰芳饰春香

前期宣传。梅兰芳爽快地答应了他们的建议，并表示片酬分文不取。经过双方的协商，最终确定拍两出戏，一是广受海内外观众喜爱的《天女散花》，二是身段表情较多又能展现中国风俗的《春香闹学》。《春香闹学》的拍摄地点位于上海宝山路商务印书馆照相部的大玻璃影棚内，《天女散花》的拍摄地点就在天蟾舞台。当年 9 月，《春香闹学》在上海上映，成了梅兰芳拍摄的第一部电影。11 月，《天女散花》也在上海上映。当然，两部电影上映时，梅兰芳已经结束了上海的演出返回北京，他看到这两影片时已经是 1921 年的冬天的事情了。事后，梅兰芳对两部影片总结说："虽然这两部片子在电影摄制的技术方面仍是启蒙时期，更谈不到古典戏曲的表演艺术如何与电影艺术相结合，但在拍摄戏曲片方面，继《定军山》之后还是做了一些新的探索的。"可惜的是，这两部电影的拷贝在 1932 年日军轰炸上海时毁于战火，我们的观众再也无法看到了。

时光飞逝，转眼就来到了 1921 年冬天。这个冬天里梅兰芳第二次结婚，新夫人名叫福芝芳，是梅兰芳的老师吴菱仙所收的女弟子，年方 16 岁，已进入城南游艺园女坤班献艺。对于这门亲事，梅兰芳的原配夫人王明华还是十分认可的。梅兰芳与王明华从 1911 年结婚已经十年了，十年中两人育有一对儿女，而后王明华为了支持丈夫的事业做了绝育手术，但是，天不遂人愿，一场麻疹病夺去了王明华一双儿女的性命，梅兰芳在家族里就是兼祧两房的独生子，两儿女的夭折断了梅家的香火，给整个家族出了一道绝大的难题。他不能无后，这时，顾大局、识大体的王明华表示同意梅兰芳再娶一房妻室生儿育女，完成她本人未能尽到的责任。正在这时，吴菱仙带福芝芳到梅家索取梅兰芳的剧本《武家坡》，秀丽文静的福芝芳引起了梅兰芳周围的人和王明华的注意。王明华想，福芝芳不但文静乖巧，而且健康年轻，比自己小 13 岁，尤其家庭人口简单，只有母女二人，日后若同兰芳结合，也易于同她相处，她便动了心。其他人也一致看好这位姑娘，觉得她同梅兰芳很般配。

经过吴菱仙、王明华等人的撮合，福家最终接受了梅家的提亲，就在这一年，梅兰芳按照夫人之礼迎娶了福芝芳。婚后，梅兰芳、福芝芳十分恩爱，王明华与福芝芳相处也非常和谐。福芝芳主动终止了自己的演艺生活，在家中照顾梅兰芳日常起居，成了梅兰芳身后的女人，就这样一直到梅兰芳生命的最后一刻。

福芝芳

又过了一年，1922年10月，梅兰芳应香港太平戏院的邀请赴港演出，此次赴港，梅兰芳给香港市民带来了一份大礼，刚刚排演完成的新戏《霸王别姬》。《霸王别姬》由梅兰芳与京剧生行演员的新一代领军人物杨小楼共同编排。杨小楼是"同光十三绝"之一杨月楼的独生子，也是梅兰芳外祖父杨隆寿的得意弟子，还是京剧武生一代宗师谭鑫培的义子，谭鑫培过世后成为生行头牌，在当时和梅兰芳、余叔岩并称为"三贤"。早在梅家租住百顺胡同时，杨小楼就与梅家住邻居，梅兰芳一直称杨小楼为"杨大叔"，梅杨两家的关系一向很好。

1921年梅兰芳与杨小楼合组了戏班"崇林社"。"崇林社"的成立后排演的第一出大戏就是《霸王别姬》。《霸王别姬》的剧本由齐如山依据明代沈采所编的《千金记》传奇编写。为了这部戏，梅兰芳无论是在服装、舞蹈、唱腔还是舞台灯光设计等方面，都倾注了大量心血，费了很大工夫。以前杨小楼曾经和尚小云合演过一部《霸王别姬》，而梅兰芳与杨小楼合演的《霸王别姬》则与尚小云的那一部有着很大的不同。此前的《霸王别姬》是以霸王项羽为中心，而这次则是以梅兰芳饰演的虞姬为中心，这是一个以生角为主到以旦角为主的重大革新。在这场戏中梅兰芳设计的"虞姬剑舞"一段，后来不仅是《霸王别姬》的特色，也成为"梅派"剧目中经久不衰的艺术经典。1922年2月15日，《霸王别姬》在上海第一舞台首演取得巨大成功。然而，从上海回京后杨小楼就病倒了，直到10月赴港演出前夕仍未康复，只好由武生演员沈化轩代他与梅兰芳共同赴港。此时的"崇林社"也更名为"承华社"。

10月15日早晨8时，梅兰芳乘"南京号"邮轮抵达香港，香港市民倾城出动，到九龙码头迎接，由于欢迎人群过于庞大，港九之间

暂停轮渡达 4
小时这久。因
为英国驻华公
使艾斯顿是梅
兰芳的戏迷，在
此前特别关照
香港总督施云
对梅兰芳演出
一事多加照拂，
按照公使的指
示，港英当局全
面加强警戒，警
察署特别配备
五名警官不分
昼夜，保护梅兰

《霸王别姬》剧照。梅兰芳饰虞姬，杨小楼饰霸王

芳一行。香港各界对于京剧艺术的喜爱痴迷让梅兰芳始料未及，为此
他们不得不变更演出计划，原定只演 10 至 15 天，结果从 10 月 24 日
到 11 月 22 日整整演了 30 天。太平戏院门口用五色电灯搭成梅兰芳
三个大字，院内台上悬挂着南洋烟草公司所赠的绉纱大幕，台口及包
厢外全部用绉纱结彩电灯，五光十色，照耀全场。各场演出均是场场
爆满，戏院不得不打破以往一贯严禁加座的限制，上演《霸王别姬》
时竟有两三人合坐一个座位的奇特景观。为了延长观戏的时间，港督
咨询议会也特别许可梅兰芳的演出可以打破演戏至 12 点为止的限制
延长到 12 点半。港督施云、港府重要官员和在港的外籍人士都前往
剧院观看了演出。事后香港媒体评论梅兰芳的演出："其声、色、艺、

可称三绝。"在港的最后两天，梅兰芳还应东华医院和潮汕赈灾会的邀请，演了两天的义务戏，他演义务戏时，与演营业戏一样认真，一丝不苟，甚至比营业戏还要卖力，对于他这种行为，香媒报界都一致夸赞他艺德高尚。

从香港归来后，梅兰芳还接到了一项特殊的任务，进宫给"皇上"演戏。此时已是民国十二年了，但清逊帝溥仪仍居紫禁城内廷，依据《清室优待条例》保持着皇帝的尊号。宫内一切机构及皇室生活一如既往，这天是端康皇太妃五十大寿之时，"内务府"便照例传班演戏。事先升平署总管拿着几十出戏的戏目呈给康康太妃亲点，她找不到梅兰芳的名字很不高兴，溥仪遂派升平署教习钱金福到梅

梅兰芳赴港时的欢迎彩牌楼

家相请。到了演出之日，梅兰芳和杨小楼、姚玉芙、姜妙香、马连良、王凤卿、尚小云、余叔岩、时惠宝等一同被传进宫，由于这是梅兰芳第一次"进宫"演戏，这次经历也给他留下了很深的印象。事后他回忆道："我和玉芙的《游园惊梦》，姜妙香的柳梦梅。我出场后慢

梅兰芳率团在港演出的海报

慢地迈步，顺便看一看周围，只见北面五间正房有廊檐正中悬挂着红边贴金蓝的金字竖匾，'漱芳斋'三个楷书，并排三个满文，堂屋中间隐约地看见三个老太太同坐在一个小榻上，东间靠近窗户侧身坐着一个戴眼镜的青年，一看便知是溥仪先生。我唱完'梦回萦转'一段，看见从屋里缓缓走出一个十几岁小姐气派的丽人，梳着两把头，穿着大红缂丝氅衣，花盆底鞋。在这个局面里敢于随便走动看戏，这当然就是皇后婉容了……"宫中的敬懿太妃对梅兰芳的《霸王别姬》中舞剑一场感慨万千："随先太后（指慈禧）看戏数十年，从未见此好戏，以前都算白看了！"在这次演出之前，梅兰芳曾专门声明"不领戏价"，但是他去得到了最高的赏赐。对此，故宫博物院的档案中也有详细的记载，清室给梅兰芳的奖赏：钱三百元，"袋料""文玩"各四件。

百年匠心
梅兰芳
Century
Masters
Mei
Lanfang

日本人民珍贵的艺术结晶——歌舞伎（节选）

——梅兰芳自述四

在1919年，日本东京帝国剧场邀我到日本去作一次旅行演出。我很早就有这样一个愿望，想把中国古典戏剧介绍到国外去，听一听国外观众对它的看法，所以我很愉快地答应了这个邀请。经过一个筹备的时期，我就带着剧团到日本，这是我第一次到国外演出，我们的戏剧在东京和日本人民见了面，受到日本人民热烈的欢迎。每天晚上，我们的节目和日本节目一起在帝国剧场上演。那一次我所演的剧目除了新编的《天女散花》之外，最受欢迎的，同时也是演出次数最多的，要算是《御碑亭》。这出戏引起一般妇女观念的共鸣，原因是日本妇女和从前中国的妇女一样，都是长期的受尽了封建制度的折磨。自从德川家康在江户设立幕府，严申君臣、父子、兄弟、夫妻之义以后，夫妻之间，夫权至高无上的现象有加无已地发展着。据说日本歌舞伎《世语物狂言》所反映的多半是妇女被冤屈以及恋爱不自由等等故事。以《御碑亭》的故事来讲，因为一点误会，就被王有道使用至高的夫权，几乎给一个善良的妇女造成悲惨的前途，这一点使一般日本妇女寄予无限的同情。

我们在东京演过之后，又到神户、大阪去表演，继续受到日本人民的欢迎。那一次旅行演出，我觉得除了使中国京剧能够为日本人民理解和欣赏是我的光荣和愉快之外，给我最大的收获是我看到了日本人民最喜爱的一种戏剧，日本的重要国宝之一——日本歌舞伎。我第一次看的时候，使我很惊奇的是，不但不觉得陌生，而且很亲切、很熟悉。我的看法是歌舞伎和中国的古典戏剧共同点很多，尤其是京剧。例如歌舞伎剧中人的一切举止动作都不是从生活当中直接搬上舞台，而是从现实生活中吸取典型的精美的原料，经过艺术手法加工，适当地加以夸张提炼而成的。他们的唱和舞，是一种与韵律高度结合的艺术，对于身上的肌肉能够极精确地控制。尤其是他们表演战斗的故事，简直和京剧的武戏差不多，当战斗告一段落时，即配之以音乐节奏，故一个英勇的静止姿势，节奏非常鲜明，和我们看京剧名演员武戏的"亮相"同样有令人凛然震竦的感觉。我特别记得歌舞伎有一出戏里扮演狮子的角色和我们过去的名演员俞振庭扮金钱豹的风格绝似。歌舞伎中的"仕伎"也很像京剧武旦戏里面常常有的"入洞"场子。歌舞伎的角色类型有所谓"立役""女形""敌役""二枝目""三枝目"和"辛抱立役""娘形""花车形"等各种不同角色，它同京剧的"生""旦""净""末""丑"及"青衣""花旦"等角色的区分简直是一样的。歌舞伎剧中人只有"念做"，唱则由乐队方面来担任，和我国高腔系统地方戏的帮腔是属于一种性质的，乐器方面也都是和中国所共有的。总而言之，中国人看日本歌舞伎，虽然言语不通，但是不难接受，我们完全可以体会他们为什么要这样或那样表演。他们所表演的故事类型和情节和我国古代故事结构思想内容差不多如出一辙。

　　我们演出的余暇，除了看日本戏之外，我还喜欢看日本的绘画、纺织和其他美术品。我很欣赏日本的园林——亭榭无多，疏落有致，叠石引水，都适得其妙。有些人家只在庭院中布置一点竹石小景，却很觉得生意盎然。我尤其爱他们的盆景，一尺多高的小松树，倒有二雨粗细的树本，苍劲夭矫，其有所谓"虬在拏空"的气概。树下土润苔青，小石嶙嶙，曲折成径。虽然只是一个长方的花盆，看起来却很像一幅立体的赵松雪"双松平远图"。那一次在日本，我懂得了为什么日本古典戏剧和中国古典戏剧有许多共同点，这不是孤立的，也不是偶然的，而是一千多年以来就有着千丝万缕的关系，彼此声气相闻、呼吸相通的成果。

1923年我第二次到日本表演，比上一次更广泛地受到日本人民的欢迎。日本戏剧中本来就有用中国故事作题材的剧目（如《水浒》的故事等），经过中国戏剧两次在日本演出，引起日本人民的注意，剧场根据观众的需要，就上演了更多以中国故事作题材的日本剧目。我从日本回国以后，日本的名演员十三代目守田勘弥和村田嘉久子以及其他很多位名演员来到中国表演，在北京开明戏院（即现在的民主剧场）和中国人民见了面，受到中国人民热烈的欢迎。每天晚上，在日本演员节目中我本人加演一出戏，和在日本上演的时候的情形一样，中国古典戏剧和日本古典戏剧在一个舞台上一同演出，演完戏一同聚餐，每个演员都非常愉快。一九二九年我带着剧团到美国旅行演出，路过日本，日本戏剧界特邀我们到东京去联欢，火车开进了东京站，我看见从前到北京演出的日本演员都穿着那一次他们在北京演出的时候我赠给他们的中式服装来接我，并且开了一个欢送会。等我从美国回来的时候，路过日本东京，他们又对我举行了一个盛大的欢迎会。会场从大门起，两旁所挂的慢帐上面都画梅花兰花，名演员村田嘉久女士在台上拿着房子舞蹈着唱了一首欢迎的诗，她唱完下台，把这柄画着梅兰的扇子，就赠给我了，房子上写的也是这首诗，当时我非常感动，我觉得这种出于挚诚的欢迎，老师真正的友谊，这都是二十年以前的旧事。

（原载《世界知识》1955年第20号）

名满天下

访日和访港演出成功后，梅兰芳的声誉远播海外，更多的外国友人知道并认识了他。

1924 年，印度诗人泰戈尔首次来到北京，5 月 8 日恰逢他 63 岁的生日。当天晚上，为了庆祝这位尊贵客人的生日，徐志摩为首的新月社成员用英文演出了泰戈尔的话剧《齐德拉》。这次演出汇聚了梁启超、张君劢、徐志摩、林徽因等众多文化名人，泰戈尔对前来参加生日庆典的梅兰芳说："在中国能看到自己的戏很高兴，可我希望在离开北京前还能看到你的戏。"

20 世纪 20 年代，梅兰芳的京剧艺术风靡全国。他那美轮美奂的艺术、与人交往上表现出来的深厚修养，不仅让中国人醉心，也吸引了大量的外国艺术家。到北京来的外国艺术家看长城、看故宫，更想一睹梅兰芳的风姿。他们觉得到中国来不看梅兰芳的表演，就等于到俄罗斯不看芭蕾舞，到德国不听贝多芬的交响乐，到英国不看莎士比亚的戏剧，是一件至为遗憾的事情。

8 月 15 日，梅兰芳为泰戈尔演出了他编排的新戏《洛神》。

《洛神》取材于三国时代著名诗人曹植千古名篇《洛神赋》，是一部流传百世的爱情传说。剧中讲述了一位品高才茂、娇艳过人的甄氏女子，先被袁绍纳为儿媳，后又在战乱中被魏文帝曹丕强纳为后。身世飘零的她，无法得到真爱，痛不欲生。一次偶然的机会，使她邂逅了曹丕的弟弟、当时的著名诗人曹植，并与之一见钟情，开始了彼此的精

梅兰芳绘《洛神》

神相恋。然而，在曹丕的逼迫下，曹植远谪东陲，甄后则受人中伤，含愤自尽。数年后，曹植重返洛阳，曹丕追悔往事，把甄后的遗物玉镂金带枕赐给曹植。曹植睹物思人，更增惆怅。回郡途中，夜宿洛川馆驿，蒙眬间见一仙女，约他在洛川上相会，竟似甄后模样。第二天如期赴约，果然于洛水之滨见到已成为洛神的甄后，在若隐若现、似幻似真的氛围中，二人互诉衷曲，赠珠报珮，然而终因天地悬绝、人神阻隔，不得不黯然分别。曹植将他们的故事写成了旷世名篇《洛神赋》。

1800多年来，曹植与甄氏二人之间可望而不可即的爱情悲剧，他们的深情与惆怅，深

深打动着一代又一代文人
骚客、痴男怨女。梅兰芳把
《洛神》的故事搬上了舞台，
根据曹植赋文的描述以及历
代《洛神图》画作，设计成
自己美妙无比的表演场面和
动作，并在舞台美术方面作
了大胆的革新。

　　洛川神女这个角色具
有什么样的性格呢？首先
她是一位仙人，她的一举一
动，必须都能够超凡脱俗；
第二她是一位艳若桃李、冷
若冰霜、热情内敛、含而不
露的女性；第三她与曹植曾

《洛神》剧照。梅兰芳饰洛神

有一段旧情，这段旧情在他们两个人的心中，虽经久别谁都不能忘却。
所以在全剧之中，洛神的一颦一笑，都应该是脉脉含情，欲语还休。在
默默无言之中，要表现出"欲笑还颦，最断人肠"的境界。在若即若离
之中，要表现出缠绵惆怅之意。她的行为要发乎情止于礼。把握住了
这个要点，才能把洛神这个角色，演得不瘟不火，恰到好处。梅兰芳在
这出戏里的表演，恰当地掌握住了洛神性格表演分寸，获得了极大的成
功。后来梁冰谈《洛神》观后感：

　　《洛神》是一出古典歌舞剧，也是一首抒情的诗和一幅优
美的画。为了达到剧本所要求的演出效果，梅兰芳同志在舞蹈

和唱腔设计上作了卓越的创造，在第四场长达二十四句的[西皮倒板][慢板][二六][快板]和[散板]中，不但几乎集中了青衣在西皮各种板调中的主要唱腔，而且随着音乐节奏的变化，通过优美的独舞和群舞，表现了洛神和众神女"或翔神渚，或戏清流，或拾翠羽，或采明珠"的欢娱心情。尤其当他唱到"齐舞翩跹成雁阵，轻移莲步踏波行，翩若惊鸿来照影，宛似神龙戏海滨……"时，达到了歌、舞、剧三者的高度完美结合。这里，梅兰芳同志的每一移步，每一回首，都犹如"御风而行，飘飘欲仙"，"凌波微步，罗袜生尘"。最后，当洛神向子建忍痛说出"你我言尽于此，后会无期，愿殿下万千珍重……"的时候，则流露出无限眷恋，不但使观众对他们抱以深切的同情，而且对于横亘在他们中间的封建礼教产生了强烈的憎恨。

通过梅兰芳的一曲《洛神》，曹植与泰戈尔、中国与印度越千年而神遇。尽管有着重重的文化和语言的阻隔，但中印两国对于美的感受却是惊人的一致。观看演出后，泰戈尔在紧张的行程中，专门安排时间到梅宅拜访梅兰芳。他送给梅兰芳一柄纨扇，在扇面上他用孟加拉文为梅兰芳写了一首短诗，并自译为英文：

> You are veiled, my loved,
>
> In a language I do not know,
>
> As a bill that appears like a cloud
>
> Behind its mask of mist.
>
> 亲爱的，你用我不懂的
>
> 语言的面纱
>
> 遮盖着你的容颜；

正像那遥望如同一脉

缥缈的云霞

被水雾笼罩着的峰峦。

（中文为石真所译）

《洛神》作为梅兰芳改编古装歌舞神话剧的代表作，参考了明代汪南溟的杂剧《洛水悲》、宋人所摹晋代大画家顾恺之的《洛神赋图》等诸多作品。《洛神》代表梅兰芳的京剧改良走上了一个新的高度。京剧进一步由俗变雅，台词多用《洛神赋》中的句子，舞蹈、造型、音乐都极其讲究。梅兰芳演出了洛神的娇媚、冷艳，"若有情，若无情"，达到了"欲笑还颦，最断人肠"的境界。

泰戈尔那年回国前曾热情地表示，希望梅兰芳能率领剧团访问印度，使印度人民能有机会观赏他的艺术。遗憾的是，梅兰芳却一直没能够实现他的这一愿望。

从那以后，梅兰芳与国际友人的交往慢慢多了起来。1923年9月1日，东京发生了空前的大地震。市内中心地区，包括几个大型剧场，顷刻间被大火吞没，死伤和下落不明者达20万余人。世界各国对日本进行援助。梅兰芳出于国际主义与人道主义精神，联合北京京剧界同仁举行了义演，将全

泰戈尔赠送梅兰芳的纨扇

百年匠
Century
Masters
梅兰芳
Mei
Lanfang

1924 年，随著名诗人泰戈尔访问的印度著名画家南达拉尔·鲍斯观看梅剧《洛神》后绘制的大型油画

部收入 1 万元捐给了日本的救灾组织。捐款寄出去不久,梅兰芳就接到了芳泽公使的感谢状,同时接到的,还有大仓喜八郎八十高寿生日,希望梅兰芳赴日演出的邀请信。

　　1924 年的 10 月 9 日,梅兰芳率领"承华社"40 余人,再次东渡日本。令梅兰芳吃惊的是,在去年的大地震中倒塌的帝国剧场,仅用了一年的时间,又重新矗立在东京的中心地带了。梅兰芳不禁为日本人民这种奋发图强的精神所感动。为了梅兰芳等人演出间的安全,日本警方进行了严密的部署。1924 年 10 月 21 日的《东京朝日新闻》曾这样报道当时的警卫情况和演出情况:"剧场外面戒备森严,设置了严密的警戒线,由八十余名警察保卫。由梅幸、幸四郎上演《神风》后,梅兰芳上演了《麻姑献寿》,当晚有东京、横滨一带的知名人士和文艺界专家一千二百余人。"演出盛况空前,而观众们

1924 年 10 日,梅兰芳抵达东京车站时受到帝国剧场演员的欢迎(前排右起:村田嘉久子、尾上梅幸、东日出子、梅兰芳、延子)

的眼光和评价，也比第一次梅兰芳来东京时内行、地道多了。一些评论文章不仅能指出中国京剧歌舞的特点，而且还能区别各种不同的声腔。像十月二十七日的《东京每日新闻》发表的高泽初风题为《帝剧初次演出》的评论文章指出："二十五日演《麻姑献寿》，梅兰芳扮麻姑，舞姿很美，嗓音响亮，舞台绚丽，十分精彩。"《万朝报》也登载了中内蝶二的评论文章："看到梅兰芳那种端庄优美的姿容和恰到好处顿挫有节奏的动作，再听到他那用纤细尖新的嗓音唱出来的美妙唱腔，人们就像遨游于另一个天地之中，这里有盛开的美丽鲜花，有漂亮的禽鸟彼此和鸣，这里是如此温馨，令人感到无比快乐。"

这次演出期间，值得纪念的一件事，是梅兰芳对于电影拍摄生活的又一次体验。梅兰芳从小就是一个电影迷。还在电影发展的初始阶段，梅兰芳就是电影院里的忠实顾客。1920 年，梅兰芳到上海的第

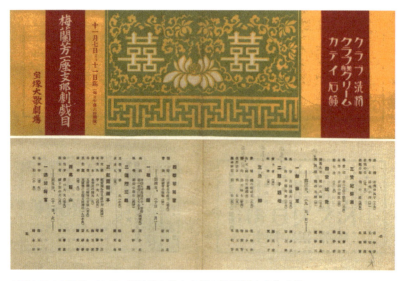

1924 年 11 月 7～11 日，梅兰芳在日本宝塚大歌剧场演出的戏单

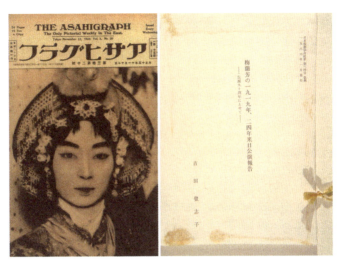

1924 年 11 月 12 日《朝日画报》封面（左）、日本吉田登志子《梅兰芳的一九一九年、二四年来日公演报告》封面

四次演出结束后，商务印书馆约请梅兰芳拍摄了电影《春香闹学》和《天女散花》，那是梅兰芳第一次拍摄电影。这次来日本，请梅兰芳拍摄影片的是日本宝冢电影厂。所拍内容是在日本上演的《虹霓关》中的"对枪"一场和《廉锦枫》中的"刺蚌"一场，以及《红线盗盒》中的片段。尽管仍是黑白无声片，尽管拍摄过程中因镜头和动作之间的不好配合，或者因语言不通而使摄影数次中止，尽管过长的拖宕将演员累得精疲力竭，梅兰芳甚至因此而大病了一场，但是，影片还是拍摄成功了，并随着这一电影厂的发行渠道传遍了整个日本，以及欧美各国。

1925 年 11 月，美国著名舞蹈家罗丝·圣丹尼丝、泰德·萧恩夫妇访华，专门拜访了梅兰芳，并与他在北京真光剧场同台演出。

1926 年 10 月，瑞典王储古斯达夫斯·阿尔多甫斯访华，突然提出："在瑞典的时候，早闻梅兰芳大名，今番来华，必须一观芳容，一顾妙曲，然后快心。"为此，北洋政府的外交部部长顾维均立刻致电正在济南演出的梅兰芳，请他火速回京。10 月 27 日，古斯达夫斯王储偕王妃到访梅宅，此时的梅宅已经搬到了无量大人胡同 5 号，在这里王储就中国戏剧和艺术问题与梅兰芳交谈良久，梅兰芳在院内的小戏台为王储表演了《琴挑》和《霸王别姬》的片段。30 年后，当梅兰芳之女梅葆玥到瑞典演出时，已是瑞典国王的古斯达夫斯六世，还专门接见，并回忆了那个美好的夜晚。

据不完全统计，从 1924 年到 1926 年，梅兰芳在无量大人胡同 5 号梅宅接待各国文艺界、政界、商界、教育界人士达六七千人，由于当时北洋政府外交交际费紧张，很多接待费用都是梅兰芳自掏腰包，就此，美国驻华商务参赞裘林·阿诺德曾回忆说："那些在过去十年或二十年旅居北京的外籍人士，满意地注意到梅兰芳乐于尽力在外国观众当中推广中国的戏剧。他把自己的艺术献给祖国人民，使他们得到愉快的享受。与此同时，他在教育外国观众如何更好地欣赏中国戏剧表演这方面所尽的力量，也许同样可以使他感到自豪。我们祝愿他诸事成功，因为他在帮助西方人士如何更好地欣赏中国文化艺术方面所尽的一切力量，

梅兰芳在北京接待美国舞蹈先驱泰德·肖恩和露丝·圣·丹尼斯夫妇时合影

百年巨匠
Century
Masters
梅兰芳
Mei
Lanfang

梅兰芳（前排左三）在北京无量大人胡同寓所客厅会见瑞典王储古斯塔夫六世（前排左五）及夫人（前排左四）

都有助于东西方的相互了解。"

　　几年前两次访日的成功经历，已经提高了梅兰芳在国际上的声望，越来越多的外国人为中国戏剧艺术魅力所着迷，他们期待着梅兰芳的到来。

　　美国著名剧作家哈布钦斯在纽约有一家剧场，当他从燕京大学校长司徒雷登那里听说梅兰芳有去美国演出的意向后，当即表示，梅兰芳到美国来，可以在他的剧场里演出。

　　华人更希望中国京剧能够弘扬世界。"华美协进社"，这个以促进中美文化交流为宗旨的团体，向梅兰芳发出了热情的邀请，并且社长孟治博士还亲自到北平拜见梅兰芳。

　　美国驻华公使约翰·麦克慕雷也曾到无量大人胡同拜见梅兰芳，建议梅兰芳到美国演出。他说："如果能够成行，则可使美国人民增进对中国戏剧艺术的了解更可促进两国人民之间的友谊。"同时表示愿意国此全力协助。

于是，有关梅兰芳访美的筹备工作开始了。

忆泰戈尔（节选）
——梅兰芳自述五

泰翁到北京的前夕，在济南对教育界的朋友讲了话。中国作家王统照为他翻译，并做了介绍说："泰戈尔先生的演讲，不同于一般的政治家、教育家、演说家，譬如一种美丽的歌唱，又如一种悠扬的音乐，请诸君静听，方知其妙处。"

泰戈尔以洪亮清越的声音，热情洋溢地说：

"我爱你们的热烈欢迎，大家所以欢迎我，大概因为我可以代表印度人……

"今天我用的语言，既非印语，又非华语，乃是英语，这言语上的隔阂，最为痛心。而诸君犹不避风沙很热心地来听我说话，由此可证，我们之间有一种不自觉的了解，譬如天上的月亮，它照在水上、地上、树上，虽默无一语，而水也、地也、树也，与月亮有相互的自然了解和同情。

"我在杭州，有朋友送我一枚图章，上刻'泰戈尔'三个字，我对此事很有感动。印度小孩降生后，有两件事最要紧，第一要给他起个名字，第二要给他少许的饭吃，然后这个小孩就和社会发生了不可磨灭的关系。我这枚图章上剥着中国名字，头一个便是泰山的'泰'字。我觉得此后仿佛就有权利可以到中国人的心里去了解他的生命，因为我的生命是非与中国人的生命拼作一起不可了……"

泰翁的真挚而亲切的语言，感动了全场的听众。

在北京城里许多次集会中，使我最难忘的是一九二四年五月八日那一天。泰翁早就选择了北京来度过他六十四岁的寿诞，而我们也早就准备为他祝寿，排演了他写的名剧《齐德拉》（Chitra）。

是日也，东单三条协和礼堂贺客盈门。祝寿仪式开始，泰翁雅步入席，坐在第三排的中间，我坐在他身边，有机会细细端详他的风采。他头戴绛红呢帽，身穿蓝色丝长袍，深目隆准，须发皓然，蔼然可亲。

梁启超先生首先登台致祝词，他说：

"……泰翁要我替他起一个中国名字。从前印度人称中国为震旦，原不过是支那的译音，但选用这两个字却含有很深的象征意味。从阴噎雾雾的状态中焘然一震，万象昭苏，刚在扶桑潜过的丽日，从地平线上涌现出来(旦字末笔代表地平)，这是何等境界。泰戈尔原文正合这两种意义，把它意释成震旦两字，再好没有了。从前自汉至晋的西来古德(古德就是古代有道德的高僧)，都有中国姓名，大半以所来之国为姓，如安世高来自安息便姓安，支娄迦谶从月支来便姓支，康僧会从康居来便姓康，而从天竺——印度来的都姓竺，如竺法兰、竺佛念、竺法护都是历史上有功于文化的人。今天我们所敬爱的天竺诗人在他所爱的震旦地方过他六十四岁的生日，我用极诚恳、极喜悦的心情，将两个国名联起来，赠给他一个新名叫'竺震旦'。（全场大鼓掌）我希望我们对于他的热爱，跟着这名字，永远嵌在他心灵上，我希望印度人和中国人的旧爱，借竺震旦这个人复活过来。"

　　泰戈尔被簇拥着走上台，对中国朋友致谢祠，大意说，今天是他最高兴的日子，因为他有了象征中印民族团结友好的名字，他将不倦地从事中印文化的沟通，并诚恳地邀请中国学术界的朋友到印度，在他举办的国际大学（Visva-Bharti）讲学。

　　接着，中国文艺界的朋友用英语演出了泰翁的名作话剧《齐德拉》，林徽因女士扮演女主角齐德拉。泰翁撚须微笑。他对我说："我希望在离开北京之前，看到你的戏。"我说："因为您的演讲日程已经排定，我定于五月十九日请您看我新排的神话剧《洛神》，这个戏是根据我国古代诗人曹子建所作《洛神斌》改编的，希望得到您的指教。"

　　以后，泰翁与他的同伴，国际大学艺术学院院长、名画家难达婆薮（Nandalal Bose)，和印度其他一些著名学者在北京轮流作了各种专题演讲，受到学术界的欢迎。

　　有一次，我听泰翁演讲，题目是《巨人的统治——扑灭巨人》，当他说到亚洲人受西方人的压迫掠夺已非一朝一夕时，下面有几句话是极其振奋人心的。他说："……吾人往者如未破壳之雏鸡，虽在壳中亦有隐约光明，但限度极小，世人疑我等终不能脱壳，但吾人自信必能破壳而出，达到真理最深处。"

　　五月十九夜，我在开明戏院（现在的民主剧场）演出《洛神》，招待泰翁观剧。我从台上看出去，只见诗人端坐包厢正中，戴绛色帽，着红色长袍（按此为国际大学的礼服），银须白发，望之如神仙中人。还有几位印度学者也都坐在一起，聚精会神地看完了这出戏。泰翁亲到后台向我道谢说："我看了这个戏很愉快，有些感想，明日面谈。"

　　泰翁定三十日夜车赴太原。那天中午，我和梁启超、姚茫父等为泰翁饯行。泰翁来时，是穿中国的黑绒鞋，我问他习惯否，他说："中国的鞋子柔软轻松，使双足不受箍勒压迫，是世界上最舒服的鞋子。"他还告诉我："前几天到汤山小住，温暖的泉水涤净了我身上的尘垢。在晨光熹微中，看到艳丽的朝霞，蔚蓝的天，默默地望着地上的绿草，晓风轻轻摇撼着刚从黑夜里苏醒过来的溪边古柳，景色是使人留恋的。"停了一会，诗人若有所思地说："那天在郊外闲游，看见农民蹲在田垄边，口含旱烟管，眼睛望着天边远处，颇有诗意。"

席间泰翁谈到《洛神》，他对我的表演作了鼓励，唯对《川上之会》一场的仙岛布景有意见。他说："这个美丽的神话诗剧，应从各方面来体现伟大诗人的想象力，而现在所用的布景是一般而平凡的。"他向我建议："色彩宜用红、绿、黄、黑、紫等重色，应创造出人间不经见的奇峰、怪石、瑶草、琪花，并勾勒金银线框来烘托神话气氛。"以后我曾根据泰翁的意见，请人重新设计《洛神》的布景，在不断改进中有很极大的提高，但还没有达到最理想的程度。

泰翁认为，美术是文化艺术的重要一环，例如中国剧中服装、图案、色彩、化装、脸谱、舞台装置，都与美术有关。艺术家不但要具备欣赏绘画、雕刻、建筑的兴趣和鉴别力，最好自己能画能刻。他还告诉我关于他学画的故事："我一向爱好绘画，但不能画，有几次我在诗稿上涂抹修改，无意中发现颇有画意，打算由此入手学画。"

竺诗人说："我的侄儿阿伯宁泰戈尔（Abanindranath Tagore）是印度艺术复兴运动中的先锋，孟加拉画派的创始人。他画过以法显、玄奘两位法师到印度取经为题材的《行脚图》。可惜这次没有带来。"

竺诗人即席介绍印度名画家难达婆薮，他说："婆薮先生是阿伯宁泰戈尔的继承人，孟加拉画派的杰出画家，我所著的书，装帧、插画，大都出自他手，他对中国画很有兴趣。"

泰翁还谈到和天前和中国画家联欢座谈，交换了意见。他问我："听说梅先生对给画曾下过工夫。"我告诉他："那天出席的画家如齐白石、陈半丁、姚茫父……都是我的老师。"我指着茫父先生说："我爱画人物、佛像，曾画过如来、文殊、观音、罗汉像，就得到姚先生的指导。"

饭后，我向难达婆薮先生求画，他欣然命笔，对客挥毫，用中国毛笔在按椰笺上画了一幅水墨画送给我，内容是古树林中，一佛跃坐蒲团，淡墨轻烟，气韵沉古。可惜当时没有请教所画的故事题材，后来我在画上以意为之地题作《如来成道图》，什袭珍藏，直到如今。

有人问泰翁：听说诗人对绘画、雕刻、歌唱音乐无所不通，此番听了《洛种》的音乐歌唱有何感想？他笑着说："如外国莅吾印土之人，初食芒果，不敢云知味也。"我们乍听这句新，不懂他的含意。座中有一位熟悉印度风俗的朋友说：芒果是印度果中之王，吃芒果还有仪式，仿佛日本的"茶道"（日本人请朋友喝茶，主宾都有一定的礼节，称之为"茶道"）。泰翁以此此喻，是说中国的音乐歌唱很美，但初次接触，还不能细辨滋味。

梁启超先生问泰翁："这次诗人漫游中国，必有佳句，以志鸿爪？"竺爵人答："我看了《洛神》，正在酝酿一首小诗，送给梅先生。"大家见他凝神构思，都不去打扰他。他先在手册上起稿，然后用中国笔墨作细书，写在一柄纨扇上，原文是孟加拉文，又自己译成英文，落了我的款，签上他的名，并兴致勃勃地用孟加拉语朗诵了他的新作，我们虽不懂印度话，但从他甜软的声音、鲜明的节奏里，就有月下清楚、泉鸣花底的美感，我向泰翁手里郑重地接过扇子，向他深深地道了谢。

夜间，我们到本站送行，彼此都有依依惜别之情，我问泰翁这次到北京的感想，并盼他再来。他税："两三年后我还要再来，我爱北京的淳朴的风俗，爱北京的建筑文物，爱北京的朋友，特别使我留恋的是北京的树木，我到过伦敦、巴黎、华盛顿，都没有看到这么多的梧、柏、松、柳，中国人有北京这样一个历史悠久而美丽的都城，是值得骄傲的。"在汽笛长鸣，飚轮转动的前几分钟，竺诗人紧紧握着我的手说："我希望你带了剧团到印度来，使印度观众能够有机会欣赏你的优美艺术。"我答："我一定要到印度来，一则拜访泰翁，二是把我的薄艺献给印度观众，三来游历。"

远赴美国

梅兰芳和他的朋友们都明白，筹备赴美演出并不是一件容易的事情。当时的美国与中国之间充满了隔阂、陌生。对此，"华美协进社"社长孟治博士曾经说过："在那时的纽约城，中国人是以经营手工操作的洗衣作坊和供应杂碎式中国菜的小餐馆闻名的。为着猎奇而去唐人街参观的旅游者，总是耸人听闻地传播关于鸦片烟馆和赌窟的神话。对绝大多数美国人，杂碎和杂碎炒面就是他们所能品尝到的中国烹调艺术。至于谈到他们毫无所知的中国戏剧和音乐，则被视为取笑中国人的机会。他们认为花钱欣赏如此喧嚣的打击乐和刺耳的假嗓音，真是有点莫名其妙。"

为了能够尽可能地消弭中西文化之间的隔阂，让美国观众理解和接受中国的京剧，梅兰芳和他的朋友们都费尽了心力，齐如山倾心撰写了梅兰芳个人及演出剧目的介绍材料及《中国剧之组织》《梅兰芳的历史》等多部宣传读物，用于向美国各大剧场和社会公众宣传梅兰芳及其艺术；冯耿光、吴震修、钱新之等银行界、实业界朋友积极帮助筹款和募捐；美国驻华公使芮恩施、燕京大学校长司徒雷登则努力协助协调美国各方面关系……作为中国现代戏剧倡导者的张彭春博士应邀担任了梅兰芳剧团的艺术指导，并按照美国观众的习惯对演出剧目进行了改良和优化；中国现代民族音乐一代宗师、著名音乐家刘天华，也参与了《梅兰芳歌曲谱》的编制。此外，剧团还准备了一些具有中国特色的小礼物。烧制了几十件瓷器，每件上面都印有梅兰芳

梅兰芳访美时印制的《梅兰芳歌曲谱》书影（音乐大师刘天华设计）

梅兰芳在北京与音乐大师刘天华（后右二）等人接待法国音乐学者拉芳义等外宾时合影

百年巨匠
梅兰芳
Century
Masters
Mei
Lanfang

的标志：一枝梅花和一枝兰花，并印有梅兰芳本人的照片；笔墨以及文房四宝上都刻有梅兰芳的名字及照片；所带的每一幅手绣上也都绣上了"梅兰芳"三个字；他们还准备了一百多张戏剧图画，梅兰芳自己也画了二百多张写意花卉；一百多把梅兰芳亲手绘制扇面的扇子，以及五六千张梅兰芳的演出剧照……就这样，在朋友们的团结协作下，梅兰芳完成了赴美演出的全部准备工作，于 1930 年 1 月 18 日率"承华社"剧团一行 21 人，佩戴着临行前赶制的徽章，高举着特制的团体的旗帜，登上了"加拿大皇后号"邮轮经日本横滨、加拿大维多利亚赴美国，开启了赴美旅程。

1930 年 2 月 16 日，梅兰芳在纽约百老汇进行了首场演出。还未看到演出的人们，先被剧场内外浓重的异国情调深深地吸引住了。剧场门前，满挂宫灯，堂内全场也挂满了纱灯，身穿中式服装的招待员穿梭其间，使剧场内外呈现出一派富丽堂皇、辉煌灿烂的东方景象。舞台也被修饰了一番。第一层幕布仍用该剧场原来的旧幕，第

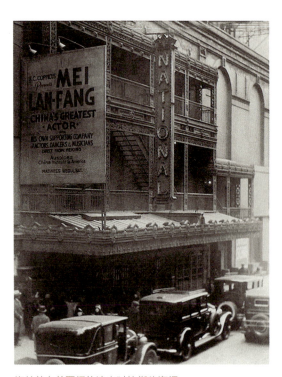

梅兰芳在美国纽约演出时的街头海报

二层则被换成了中国式的红缎幕。再往里，第三层是两根中国戏台式的外檐龙柱，上挂一副对联："四方王会凤具威仪，五千年文物雍容，茂启元音辉此日；三世伶官早扬俊采，九万里舟轺历聘，全凭雅乐畅宗风。"第四层是天花板式的垂檐，第五层是旧式宫灯四对，最里面的第六层就是旧式戏台了。隔扇、门帘、台帐，两边也有同样的隔扇，镂刻窗眼，糊上薄纱。乐队就在隔扇的后面。因为舞台后方光线很暗，所以乐师们对台上角色动作看得很清楚，但台下却看不见音乐师。台上的桌椅，都是特制的，可以任意放大或缩小。演出的程序是：开演之前先由张彭春先生用英文做一总说明，将中国剧的组织、特点、风格以及一切动作所代表的意义等介绍给美国观众；在每一出具体剧目演出前，再由杨秀女士用英文对剧目的情节、历史、要点以及举动等进行事先说明；最后，才正式演出。

针对第一天的演出中有观众中途退场的现象，张彭春博士在第二天演出前，专门进行了戏剧性的强调："中国京剧是古典戏剧的精华，只有最聪明而有修养者才能欣赏。愚蠢者听不懂，他们是难以久坐的。"这一招真灵，演出效果比之第一天出奇地好。全场鸦雀无声，没有一个人中途退场。散戏后征求他们的意见，都异口同声地说："很好，很好！好极了！"大概是谁也不愿戴上一顶愚蠢的帽子。

三天之后，两个星期的戏票被预售一空，后来又不得不在国家剧院续演了三个星期。美国的政界商界都被梅兰芳征服了。

梅兰芳到达纽约之后，中国驻美公使伍朝枢便成了剧团的特别联络人，许多美国政界要人通过不同的方式纷纷找到伍朝枢，他们的要求大致相同：打听梅兰芳的消息，并希望看到梅兰芳的演出。为了尽量满足他们的要求，伍朝枢便特别联系梅兰芳，请他到华盛顿演一场戏。那天晚上，除胡佛总统因国务活动外出，美国联邦政府的全体重要官员和各国驻美大使以及地方官僚，一共五百余人，都前来观看了梅兰芳的演出，演完戏后，伍大使介绍梅兰芳与大家一一握手。人们的情绪极其热烈。除了政界、艺术界外，纽约商界也赶来凑热闹。几家大商店派人来商量，想借梅兰芳的行头在商店的玻璃橱窗里陈列几天。答应了他们的要求后，那些商店的橱窗前果然是人头攒动，熙熙攘攘，围看者络绎不绝。

就在那几天里，纽约一家大花厂的经理找到梅兰芳说："我们厂出了一种新花，还没有起名字。我想把它叫作'梅兰芳花'，一来作梅君到纽约的纪念，二来我们厂里可以借这个机会宣传 —— 使人容易注意。梅君愿意答应吗？"梅兰芳立刻就答应下来。那位经理特别高兴，让梅兰芳和花在一起照了一张相，到各处去宣传，果然全市轰动。几天之后，"鲜花展览会"开幕，他特意请梅兰芳等人去参观。一进会场，就像置身于一片花的海洋。各种各样的花卉烂漫如锦，争奇斗艳。远远望见一群人挤在一处，围观着什么。走近一看，才知道是这位经理的杰作 —— 吸引了人们目光的，是和花摆在一处的梅兰芳的照片，和这位经理精心撰写的一大篇说明。

除纽约以外，"承华社"剧团还先后在西雅图、芝加哥、华盛顿、旧金山、洛杉矶、圣地亚哥、檀香山等地演出72天，在旧金山、洛杉矶、圣地亚哥、檀香山等地演出时当地的市长和政要，以及许多美术家、音乐家、舞蹈家、商界、学界人士也都亲临观演，场面蔚为壮观。有人说美国人仿佛是一夜间就接受了梅兰芳和他的表演。还有人说大萧条的美国被梅兰芳迷住了。梅兰芳在纽约演出时，两个星期的戏票三天内便预售一空，最好的座位在演出开始前10天就已售罄，5美金的票价被票贩子们炒到了十五六美元，这在大萧条时期的百老汇已经算得上是天价了，以致后来不得不又在国家剧院连演了三个星期。梅兰芳在美国的每场演出结束后，谢幕常常要多达十几次。观众提出要上台和梅兰芳握握手，梅兰芳答应了。可几十分钟过去后，还有很多人拥挤着等在后面，后来剧团里的人仔细一看，才发现许多握完手的人又重新上来再接着握手。关于梅兰芳的活动安排、欢迎宴会每天都会见诸报端，他的演出服装在百货商店里展示。纽约媒体曾经形容梅兰芳的戏剧："梅兰芳在舞台上出现三分钟，你就会承认他是你所见到的一位最杰出的演员，像这样的艺术过去在纽约压根就没有看见过……"

梅兰芳在美国的演出也引起了美国电影界的注意，在好莱坞，多家电影公司邀请梅兰芳前去参观，这其中有 20 世纪、米高梅、派拉蒙这些今天依然活跃在美国电影公司，在当时这些公司有大有小，设备有好有差，但每家公司对梅兰芳都是一样热情，由经理、厂长以及明星演员陪同梅兰芳参观。派拉蒙电影公司专门派人拍摄了梅兰芳的演出的《刺虎》片段，这也是我们今天所能看到的最早的梅兰芳戏剧的有声资料。

在这里，梅兰芳还结识了当时美国家喻户晓的电影明星范朋克和喜剧大师卓别林。数年以后这两位电影明星还分别来到中国，与梅兰芳把酒言欢。

梅兰芳在美演出《刺虎》剧照。梅兰芳饰贞娥，刘连荣饰罗魁

梅兰芳与卓利林合影

美国教育界也对梅兰芳的访问非常重视，芝加哥艺术博物馆邀请梅兰芳前往参观，到达之后，馆长芳弗博士亲自陪同浏览，并盛赞梅兰芳在文化交流方面的功绩。他说："大致博物馆的性质都是为沟通各处的文化而设的。本博物馆也是抱着这个宗旨做法，所以对各处与文化有关系的美术出品，都尽力搜求，对东亚的文化，尤其注意，但是费了二十几年的长时期，用了几千万的巨款，所生的效果，还不及梅君在这里演两个星期的戏大！"博物馆特邀美国雕塑家恩斯特·杜立格和克洛·杜立格所制作的梅兰芳塑像并作为博物馆的永久收藏。

正是基于同样的理由，波摩那学院决定授予梅兰芳荣誉博士学位。在学位授予仪式上福瑞曼博士代表全体教授登台讲演，他说："我初次看梅兰芳演《春香闹学》时，觉得滑稽无比，笑得几乎喘不过气来。等到在后台再见到他时，却见他满脸静穆之气，接人待物极其谦

恭和蔼，就知道这是一位大
艺术家了。梅先生世界知
名，见了长者还斤斤于礼，
这是我们美国青年最缺乏
的品质，因而我说应该以他
为榜样！中国的礼教原本
如此，如果父兄子弟一起相
处，青年人对于年长者都知
道应该怎么做。故而，中国
人见人先问年龄，如果比自
己年龄大，就执弟子礼，所

梅兰芳与美国波摩那学院院长晏文士

谓十年以长则兄事之，五年以长则肩随之，这就是我们应该常常向他
们学习的地方。"

梅兰芳在仪式上致答谢词：

院长先生，院董诸公，教授诸公，各位同学，各位来宾：

兰芳今日得蒙奖授荣衔，非常感谢诸公！此举表现了对
于我们中国人最笃厚的国际友谊！

兰芳不过是微末的个人，游历贵邦，是来吸收新文化的，
随带表演自己一点艺术，藉博贵国学者的批评。游历将完，
细心体验，知道果然能够得到诸公对于我们民族益加谅解和
同情，这不啻是我们的艺术成功，乃是贵国人士的好意，能
够明了我们这次游历的意旨。

从广大的意义上言之，我们此来是要尽我们微小的力
量，促进文明人类的最恳切希望的和平。按照历史的例证说

Century
Masters
梅兰芳
Mei
Lanfang
百年巨匠

来，真和平是不能够从武力上得来的；人类希望的和平，不是暴乱后的平静，真的和平是要从精神理智与物质里面增进人类的发展和生长，要维持世界的真和平！

人类要互相了解，互相原谅和同情，是要互相扶助的，不是要互相争斗的。我们中美两大民族，希望的人类和平是根据国际信用和好感；要达到这个目的，需要大家从艺术和科学上有具体的研究；要明了彼此的习惯、历史的背景及彼此的问题和困难。

兰芳此次来研究贵邦的戏剧艺术，荷蒙贵邦人士如此厚待，获益极多。兰芳所表演系中国古代的戏剧，个人艺术很不完备，幸蒙诸公赞许，不胜愧怍。但兰芳深知诸公此举，不是专奖励兰芳个人的技术，乃是表现对中国文化的同情，

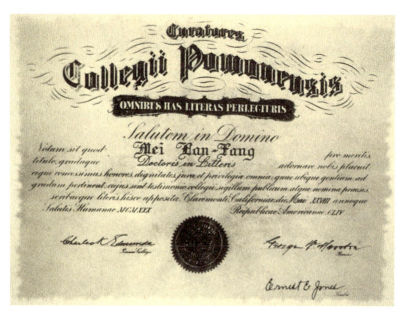

美国波摩那学院授予梅兰芳的荣誉文学博士证书

梅兰芳手持博士学位证书照片

表现对中国民族的友谊。如此，兰芳才敢承受此等莫大的荣誉。以后当益勉力，才当得起波摩那学院大家庭的一分子，不负诸公的奖励！

从此，当人们提起梅兰芳的时候，有了一个习惯的称呼："梅兰芳博士"。那一年梅兰芳 36 岁，正处于艺术创造的黄金时期。

美国电影界对中国戏曲的看法
——梅兰芳自述六

1930年4月中旬我们到了美国西部旧金山，那是侨胞集中的大城。市长在车站外广场，向几万人致欢迎词，大家分乘十几辆汽车出发，我和市长同乘敞篷汽车，最前面是六辆警卫车，鸣笛开道。第二队是两面大旗，上写"欢迎大艺术家梅兰芳"，后面是乐队。汽车在两旁密密层层的人墙中缓缓行驶到大中华戏院，只见门前挂着"欢迎大艺术家梅兰芳大会"的两面大旗，一阵如雷的掌声，把我送进了会场。当时，我心头的激动是很难用语文文字来形容的。

第二天，我去答拜市长，那里正开市政会议。市长宣布改为"欢迎梅兰芳"会，委员的欢迎词和我的答谢词都作为议案，永存在市政的档案里面。

我们下车后住在费尔孟旅馆（Fairmont Hotel），便有很多电影界的演员、编剧、导演和经理等到旅馆来表示欢迎我们。等到他们看过戏以后，又到旅馆里来找我们座谈研究中国戏的戏剧组织和表演艺术。有一位导演对我说："这次您到美国来表演最高尚的东方戏剧，不但受到美国国民的欢迎，我们电影界尤其欢迎，这决不是当面恭维，而是有个原因，因为现在有声电影的趋势，有很多地方变得很像中国戏了，里面有说白，有表情，到需要唱的时候就唱起来了，种种情形都与中国戏的表演相似，这种电影就是现在观众最欢迎的一种，所以电影公司都竭力向这条路上探索追求。"我说："诸位看了我们的戏，对这些象征性的动作都看得懂吗？"一位电影演员接口说："有几个电影界的同人曾专程到纽约去看您的戏，回来后互相谈论说：梅君这次到美国来演戏，在表演艺术上对我们电影界有极大影响，益处很多。当时大家听了这种议论，还将信将疑，现在看了您的戏，方知他们的话一点也不错。我们除了唱词和说白听不懂，其余都懂，这种表演方法是我们电影界极可富贵的参考，我们怎能不欢迎，又怎能不从心里感谢呢！"派拉蒙电影公司的负责人又重申前议，问我："是否能到总厂拍一部完整的片子？"还有在座的几位电影界的人也都问我："几时能到好莱坞？有意拍电影否？预备拍什么戏？有多少角色？"我说："我的确打算拍一部有声电影，但主要的目的还不是销行和流传在美国，我的志愿是以此贡献给中国边远地区的城镇居民，好让他们有机会欣赏本国的古典戏剧。一个演员就是消磨了终身的岁月，也不能够周游中国境内九百六十万平方公里来表演他的艺术，这回却可以利用西方新式的机械，拍成有声的电门，把中国世代积累下来的艺术传遍遐迩，这是我很感兴趣的事。现在是有时间是否允许的问题，一切须到了洛杉矶才能决定。"

　　我到美国的时候，正是有声电影刚刚兴起，电影艺术在表演和风格方面起了很大的变化，载歌载舞的片子大受欢迎，诚如他们所说的，"很多地方变得像中国戏了"。这句话怎么讲呢？就是他们

百年巨匠
Century
Masters
梅兰芳
Mei
Lanfang

看到中国戏的表演是有说有唱，连歌带舞，集中、洗练，几十分钟之内，可以概括地表演一个精彩的节目，这样的形式很适合于当时有声电影向歌舞居发展的要求，所以他们感兴趣。我认为电影向这方面发展，有好的一面，那就是歌和舞借了电影艺术的技巧紧密融合起来，使观众可以欣赏一种与舞台上风格不同的歌舞剧。可是另一方面，电影和歌剧究竟不同，有些片子本来用不着唱，但如在情节中安排一段唱就很受欢迎，于是电影公司从生意眼出发，不管什么故事都要想法子加上些唱，以迎合观众的心理，并且大量制作情节简单着重歌舞大场面的影片，其实也包括一部分用爵士音乐配合着大腿舞的片子。同时，又重金聘请歌剧演员来做电影演员，如歌唱女演员珍妮·麦克唐娜（Jeanette Macdonald）主演的《璇宫艳史》（The Love Parade），就风行一时。原来有些表演艺术造诣颇高的电影演员，反面没有拍片的机会而闲了下来。

这种歌舞为主的影片风行了一个时期，后来才逐渐少了些。不久，银幕上出现了根据著名的小说或舞台剧本改编的影片如《双城记》（Tales of Two Cities）、《仲夏夜之梦》（A Midsummer Night's Dream）、《块肉余生》（David Coperfield）等，称为文艺片，颇受观众的欢迎。但同一时期，银幕上出现了一些凶杀、冒险、恐怖的片子。在这两类电影相形对照之下，使我对后者——美国这类电影的兴趣不大了。

北上访苏

　　1930 年 7 月，梅兰芳回国结束了在美国的演出回国，回国前美国的报纸报道说："梅兰芳在下星期六将作最后一场演出，你如果还没看过他的演出，迟早你会后悔的……" 1930 年梅兰芳对美国的访问，已经成为 20 世纪东西文化交流史上的一段佳话。虽然此后中国京剧演员曾有多次赴美演出，但其所产生的影响始终不及梅兰芳，美国人为什么接受梅兰芳？几十年来，各方面对这个问题始终是各执一词，对此裘林·阿诺德参赞曾经总结道："我们赞扬梅兰芳，首先由于他那卓越的表演天才；其次由于他在提高中国戏剧和演员在社会上的地位所做出的贡献；第三点是由于他是一个渴望改进中国戏剧，并且富有独创精神的学生，他使戏剧可以更加真实地反映中国人的文化和艺术。"

　　在对外传播京剧文化的同时，梅兰芳依然在积极排演新戏，从 1924 年到 1930 年，除

《时事新报》关于梅兰芳在苏公演的报道

百年巨匠
梅兰芳
Century
Masters
Mei
Lanfang

四大名旦合影。左起：程砚秋、尚小云、梅兰芳、荀慧生

《霸王别姬》以外，梅兰芳还排演了《太真外传》《霸王别姬》《俊袭人》《洛神》《廉锦枫》《凤还巢》《宇宙锋》等多部新戏。而此时，随着新文化运动的兴起，京剧行内也发生了不小的变化，首先是由于社会民众的审美心理的改变，生行、旦行的位置逐渐颠倒，由生行为主转而为生旦并重，再到旦行占据着主角地位。在旦行中，一批新生代演员相继成长起来，梅兰芳开创了自排新戏的先河，其他旦角紧随其后。程砚秋曾在短短半年时间里连续排演了《红拂传》等7部新戏，尚小云更创排了如《摩登伽女》之类的时装戏，荀慧生、徐碧云等也都新戏迭出。1927年，北京《顺天时报》为鼓吹新剧，奖励艺员，

举行了一次征集‘五大名伶’新剧夺魁投票活动。经过一番角逐较量，尚小云的《摩登伽女》、程砚秋的《红拂传》、梅兰芳的《太真外传》、徐碧云的《绿珠》和荀慧生的《丹青引》胜出，从此就有了"五大名旦"的称呼，后来徐碧云较早地离开了舞台，1930年，上海的《戏剧月刊》再次通过征

《抗金兵》剧照。梅兰芳饰梁红玉

文将梅兰芳、尚小云、程砚秋、荀慧生归为"四大名旦"。也是在这次征文中，梅兰芳被认为在嗓音、扮相、做工、新剧、成名等方面皆为上上乘，力压群芳，成为后世所公知的"四大名旦"之首。

　　1931年9月18日，日本关东军悍然发动了九一八事变，攻占了东北三省。作为爱国艺人的梅兰芳，对日本帝国主义的暴行无比愤慨，曾经多次组织为抗战将士筹集军费的义演。1932年春，梅兰芳为避战乱，由北京迁居上海。到上海后，梅兰芳便借用梁红玉抗金的历史故事，专门排演了一出鼓舞士气的爱国剧目《抗金兵》。

　　《抗金兵》剧本由齐如山、李释戡、吴震修共同完成，讲的是金兀术犯边，润州守将韩世忠和夫人梁红玉共同抗金的故事，其中一

折韩世忠率军迎敌，梁红玉擂鼓助威，最是精彩。梅兰芳饰演梁红玉，戎装佩剑，身披斗篷，一手鼓点打得高低错落、快慢有致、轻重参差，既紧张又热烈，极具鼓舞之力，催人奋进。在上海天蟾舞台首演一炮走红，后人评价此剧"对当时人民的抗战情绪起了很大的鼓舞作用"。

后来，梅兰芳又根据明代传奇《易鞋记》改编了另一部爱国剧目《生死恨》。该剧讲述了宋金交战时期，程鹏举与韩玉娘先后被金将张万户掳去为奴，且强令二人婚配。婚后，韩玉娘力劝程鹏举逃回故里。事泄，张万户将韩玉娘转卖，并将程鹏举赶出。程鹏举携自绘的军事地图投奔抗金元帅宗泽，宗泽得图，如虎添翼，一举将张万户击溃。程鹏举升任襄阳太守，派家将赵寻访玉娘，赵寻遍访不得，在返襄途中与韩玉娘巧遇，玉娘悲痛万分，突发重病。鹏举闻讯赶来，夫妻相会，玉娘一恸而终，夫妻遂成永诀的悲剧故事。据说明代传奇原

《生死恨》剧照。梅兰芳饰韩玉娘

是大团圆结局，而梅兰芳提出，编演这个戏的目的，意在描写俘虏的悲痛遭遇害，激发斗志，要摆脱大团圆的旧套，改为悲剧。在特殊的历史条件下《生死恨》一经上演，便引起了轰动，在南京中华大戏院演出时，排队购票的观众将票房的门窗都挤爆了。对于梅兰芳在抗战时期的义举，张庚《一代宗师》中评论道：

> 梅先生不仅仅是一个有艺术良心的艺术家，而且是一个爱国的、明辨是非的艺术家。在"一·二八"前后，接连创作了《抗金兵》和《生死恨》两个剧目。这两个不再去考虑歌舞剧、古装剧的形式，而是充满热情地表现了对于侵略者的憎恨和对于人民的同情，甚至针对国民党的不抵抗政策，而热烈地赞美坚决抵御外侮的女英雄梁红玉。

这两个戏中间的两个主人公梁红玉和韩玉娘，前者是爱国的女英雄、威武的大将；后者是忍受一切痛苦、态度鲜明、意志坚强的韩玉娘。这类人物的出现，在梅先生过去的剧目中间是没有过的。这已经是苍松翠柏式的人物，具有高风亮节的人物 …… 在《生死恨》中间有两句唱词是："尝胆卧薪权忍受，从来强项不低头。"可以为他自己这个时期的写照。

传记作家李伶伶曾有评论："在民族存亡的关键时刻，梅兰芳已不仅是个京剧演员，更是个鼓舞者、抗争者、爱国者。在他身上，人们看到了一个正直的中国人应有的民族气节和爱国品质。"

梅兰芳迁到上海后，由于时局不好，演出大为减少，每年一般只演一期，其余时间则用于学习。这段时间梅兰芳生活极有规律，每周一、三、五下午两点至三点从英国老太太学习英文，四点与俞振飞、许伯遒拍曲、度曲；每周二、四、六下午，学习绘画。对于书

百年巨匠
Century
Masters
梅兰芳
Mei
Lanfang

梅兰芳与齐白石

画，梅兰芳也是再熟悉不过，他绘画曾经先后师从于陈师曾、齐白石，并与著名画家金拱北、姚茫父、陈半丁以及收藏家朱翼庵等多有交往，广泛观赏、收藏古代书画。迁到上海后，梅兰芳学画则是师从画家汤定之。严格算起来，汤定之应该算是梅兰芳最后一位绘画老师。汤定之擅长画松，梅兰芳向他学的也是画松。他曾创作一幅丈二古松赠给梅兰芳，画旁题款为："四时各有趣，万木非其俦。乙亥冬雨窗为畹华仁弟补壁，双于道人。定一汤涤写。"他借此画鼓励梅兰芳继续保持古松一般坚韧不拔、历经风吹雨打而宁折不弯的精神。这样的习画生活，梅兰芳保持了许多年，特别是 1941 年梅兰芳息影舞台后，绘画成了他生活的重要组成部分，一段时间他甚至靠卖画为生。他曾经说过："一个演员正在表演力旺盛的时候，因为抵抗恶劣环境而谢绝了舞台生活，他苦闷是无法用言语形容的。前天还有戏馆老板揣着金条来约我唱戏，广播电台又时时来纠缠我，我连嗓子都不敢吊。我画画，一半是维持生活，一半是借此消遣，否则我真要憋死了……"

迁居上海期间，梅兰芳继续推动中国戏曲的对外交流与传播。特别是在1935年，梅兰芳先后率剧团赴苏联和欧洲访问。与五年前"文化长征"式的访美旅程相比，梅兰芳访苏的行程似乎轻松了许多，但此行的意义可以说并不亚于访美所带来的影响。新华社曾经评价说，梅兰芳率领梅剧团赴苏联演出，是中外文化交流史上具有标志性意义的事件。

据上海艺术研究所沈鸿鑫研究员的介绍，促成梅兰芳访苏的机遇十分偶然，1934年4月，梅兰芳从汉口演出结束返回上海。途经南京时，时任中国银行经理的吴震修把一封中国驻俄使馆给南京外交部的电报转交给梅兰芳，电文内容是：

> 苏俄对外文艺协会，闻梅兰芳赴欧表演消息，迭向本馆表示欢迎，极盼顺道过俄，一现色相。并称前年日本艺术家来俄登台，颇受欢迎，此次梅君若来，定更多成功等语。查文化提携于增进邦交原有关系，俄方对于梅君在俄境内一切食宿招待，均可担任，惟若欲外币报酬较为困难。除电北平档案保管处就近以私人资格向梅君接洽外，谨闻。驻俄使馆。

梅兰芳回到上海后，又接到中国驻苏记者戈公振发来的电报，称："苏俄热烈欢迎梅兰芳，请将表演节目、酬劳及其他一切条件详细函

汤定之绘《古松》

示。"两封电报引起了梅兰芳的思考：苏联是世界上新兴的国家，他们的戏剧和舞蹈十分发达，且有悠久的历史，邀我前往是否仅为好奇心之驱使呢？而中国戏是否有可供他们研究的价值呢？为了弄清楚这一切，梅兰芳与正好来沪的苏联驻华大使鲍格莫洛夫晤谈了几次。又特地赶到青岛，与正在那里养病的中国驻苏大使颜惠庆商谈了几次，还请教了几位外交家。这才知道，苏联对外文化协会是苏联的最高对外文化机关。这次约请梅去表演，纯粹基于学术上的研究观念，为了了解中国戏的真实状态，以促进彼此的文化交流，聘请的意义，是很为郑重的。梅兰芳想，既然要把中国戏介绍到欧洲去，那么对于苏联的邀请，当然是乐而从之，况且苏联正在进行新的文化建设，戏剧也不例外。这次出访不仅可以听听特殊制度下的国家对中国戏的观感，也可以学习、借鉴苏俄文化的经验。经过深思熟虑，梅兰芳答应了苏联的邀请，他请由外交部先发一个复电，复电的内容大概是："苏维埃文化艺术久所佩羡。兰芳欧洲之游如能成行，必定前往。请先代谢文化会诸君厚意，并盼赐教。余函详。"就这样，梅兰芳答应了苏联的邀请，但还没有打消率团赴欧洲各国演出的大计划，他只是把苏联作为其中的一站。后来因为筹备不及和经济上的问题，赴欧计划被迫暂时搁置，这样就转成专门从事赴苏演出的筹备了。

梅兰芳与中国驻苏大使颜惠庆及苏联导演爱森斯坦、施尼代洛夫、实际剧院院长阿罗可夫等合影

1934 年 10 月 25 日，中苏双方达成正式协议，决定梅剧团于 1935 年 3 月 15 日抵达莫斯科，分别在莫斯科演出 5 日、列宁格勒演出 3 日，另外还商定了梅兰芳及团员的待遇等。苏联对外文化协会专门成立了"招待梅兰芳委员会"。1935 年 1 月，梅兰芳接到苏联驻华大使馆参赞鄂山荫送来的苏联对外文化协会正式的聘函。至此，外交方面的事宜已准备就绪。

为了保证此次出访取得成功，梅兰芳在各方面做了精心准备。他请国内的名流如胡适、张伯苓、颜惠庆等给予指导，另外聘请张彭春担任出访演出团的总指导。通过周密考虑和多方协商，由梅兰芳任团长、张彭春任总指导、余上沅任副指导的赴苏剧团组成，共 24 人。

这次选择的戏目，除每晚表演两出正剧外，还表演几段副剧，副剧以片断歌舞或武技为重。为了做好宣传工作，梅兰芳事先把几种剧目说明译成英文寄到苏联，再译成俄文，广为宣传。

万事俱备，只待启程。由于此时的中国东北已被日本侵占四年之久，梅兰芳向苏联表示，自己绝不在被日本人占领的伪满洲国经过，对此苏联方面当即应允。1935年2月21日，梅兰芳和剧团人员在上海登上了苏联派来的"北方号"轮船，由海路绕行至海参崴，再登陆改乘火车前往莫斯科。经过近20天的奔波，1935年3月12日，梅兰芳一行抵达了苏联首都莫斯科，到车站迎接梅剧团的有苏联外交部东方司副司长鲍乐卫、苏联对外文化协会的官员、中国驻苏使馆代办吴南如、苏联驻华大使代表鄂山荫、苏联国家戏剧协会的代表以及众多记者，场面非常热烈。

这次苏联对梅兰芳的访问演出进行了系统的、大规模的宣传，梅兰芳刚从上海出发，莫斯科街头就张贴出"中国伟大的戏剧演员梅兰芳将来莫斯科和列宁格勒献技"的海报，上面写有梅兰芳三个中文大字和演出日期，色彩鲜艳，引人注目。同时在彼特洛夫卡街一带大商场的橱窗内也陈列着大幅的梅兰芳便装相片和剧照。苏联文艺界知名人士纷纷通过媒体对梅兰芳访苏一事发表谈话。

梅兰芳入境后，莫斯科街头更张贴出梅兰芳在莫斯科表演6天的戏目的大幅海报。到莫斯科后，《真理报》《消息报》《莫斯科晚报》和英文《莫斯科日报》、法文《莫斯科日报》等大报，都连续不断登载关于梅氏的新闻和照片，以及介绍中国戏剧的文字，他们将梅兰芳称为"我们的客人""伟大的中国艺术的伟大代表"。《消息报》社屋顶上的流动灯光新闻，逐日报道关于梅氏的消息。

1935年3月14日，梅兰芳一行参加了苏联对外文化协会举行的欢迎午餐会，苏联对外文协会长阿罗舍夫发表了热情洋溢的欢迎词。

3月19日，中国驻苏大使馆举行茶会，苏联外交人民委员会委

百年巨匠
Century
Masters
梅兰芳
Mei
Lanfang

梅兰芳与苏联导演爱森斯坦等人合影

员长李维诺夫夫妇、副委员长克列斯丁斯基、苏联政府要员、各国使节、苏联文艺界人士、旅苏华侨、中外记者等出席，梅兰芳还和刘连荣在使馆大厅里搭起的小戏台上表演了《刺虎》一剧，博得全场的掌声。著名的苏联电影导演爱森斯坦评价梅兰芳："表演神奇出乎想象之外。"著名演员莫斯克文则称："此种表演技艺，诚吾人望尘莫及"。

3 月 21 日，苏联驻华大使鲍格莫洛夫在外交人民委员会迎宾楼举行晚宴欢迎梅兰芳一行，"招待梅兰芳委员会"的全体成员及各界人士出席。鲍格莫洛夫大使致辞说："这次梅博士能到苏联来表演，可以说是中苏两国文化合作的先声，若能由此而推进各项合作，则必有益于世界的和平。"

1935 年 3 月 23 日至 28 日，梅剧团在莫斯科音乐厅正式公演 6 天。

百年巨匠
梅兰芳
Century
Masters
Mei
Lanfang

从 3 月 5 日即开始售票，不到一周全部戏票便告售罄。苏联对外文协为了使观众更好地了解中国戏剧及剧情，专门编印了《梅兰芳与中国戏剧》《梅兰芳在苏联所表演之六种戏及六种舞之说明》和《大剧院所演三种戏之对白》等三种俄文书籍，在剧场出售。

　　有鉴于苏联观众的诚挚热情，梅兰芳不得不调整了演出的场次安排，从 1935 年 2 月 21 日开始，至 4 月 21 日结束，先后在莫斯科、列宁格勒等地演出 14 场，演出了《汾河湾》《打渔杀家》《贵妃醉酒》《虹霓关》《宇宙锋》《刺虎》等剧目，演出期间包括斯大林在内的多数苏共中央政治局委员都曾到剧场观看演出。

　　在演剧之余，梅兰芳还同苏联戏剧界、文化界进行了广泛的交流，他见到了文学大师高尔基、戏剧家斯文坦尼斯拉夫斯基、梅耶荷

梅兰芳在苏联拍摄《虹霓关》电影片断，导演为爱森斯坦（中）

德等文化名人，参观了许多名胜古迹，观摩了包括歌剧《茶花女》、芭蕾舞剧《天鹅湖》、话剧《樱桃园》等。这些观摩和交流有效扩大了梅兰芳的艺术视野，也使得一些西方戏剧的理念和手法进入到京剧的改革之中。在此期间有两件事为后世所称道。

第一件便是梅兰芳同苏联著名电影导演爱森斯坦拍摄了戏曲电影《虹霓关》。电影记录的是《虹霓关》中东方氏与王伯党对枪歌舞的片段，爱森斯坦按照艺术作品的要求，精心执导了这个片段的拍摄，据说在拍摄当中由于要求过于严格曾多次重拍，乐队甚至一度罢演，但最后还是爱森斯坦诚挚的态度感动了梅兰芳，最终按照他的要求完成了拍摄，这部电影后来被称为"伟大的爱森斯坦拍摄的伟大的梅兰芳"。

第二件便是与苏联戏剧大师斯坦尼斯拉夫斯基、德国艺术家布莱希特的会晤，这次会晤发生在 4 月 14 日，梅兰芳在都会大饭店宴请苏联各界人士，参加会议的就有师斯坦尼斯拉夫斯基和布莱希特，据说还有著名作家高尔基，在宴会上，三位戏剧家相互交流，对欧洲戏剧与中国戏剧的异同进行了演入的讨论，这次会晤和后来的相互观摩，对三位戏剧家都产生了很大的影响。斯坦尼斯拉夫斯基曾说："梅兰芳博士以那无比优美的姿态开启了一扇看不见的门，或者突然转身面对那看不见的对手，他这时让我们看到的不仅是动作，而助也是行动本身。这位动作节奏均称、姿态精雕细琢的大师，在一次同我的交谈中强调心理上的真实是表演自始至终的要素时，我并不感惊奇，反而更加坚信艺术的普遍规律。"一年后，布莱希特发表了论文《中国戏曲表演艺术中的间离效果》，盛赞梅兰芳为代表的表演艺术体系，认为："他多年蒙眬追求所未达到的，在梅兰芳却已经发展到极高的艺术境界。"此后，在世界艺术史上便有了"布莱希特和斯坦尼斯拉夫斯基、梅兰芳是世界三大重要戏剧表演体系的创始人"这一说法。

可以说，在苏联的文化交流活动，使梅兰芳达到了他戏剧艺术生涯的顶峰。

2001年4月19日，由莫斯科城市档案联合体主办的"莫斯科：昨天、今天、明天"图片展在北京档案馆举行。其中有一幅梅兰芳访苏期间与苏联著名导演西蒙诺夫的合影照片，可见苏联政府对于梅兰芳访苏活动的重视，苏联人将他的活动视为历史，归入档案，永久保存。

结束了苏联的行程后，梅剧团的其他成员由苏联政府安排回国，而梅兰芳则与涂上沅一起赴欧洲考察。

这次，他们游历了波兰、法国、比利时、意大利和英国。

6月，他们到达伦敦。在这里，梅兰芳拜访了戏剧大师萧伯纳，萧伯纳赠送给他一套《萧伯纳戏剧集》作为纪念。

梅兰芳在欧洲时，把大量的时间都用在观摩各种欧洲戏剧上了。对此，他的朋友熊式一先生曾记载道："畹华兄虚心不耻下问，对于泰西式戏剧孜孜攻之，常百观不厌，在英下榻我处，每晚必同至一剧院参观新剧……"自从访问了美国和苏联之后，梅兰芳对西方传统戏剧的观摩已经非常有心得了。回国后，梅兰芳对于他的苏欧之行，在文化界产生了一些争鸣。

有一些不喜欢传统京剧的激进人士说，梅博士的出行，在欧洲人看来，只是展览了落后民族的野蛮文化，相当于野人环游世界，不过引起好奇而已。而更多的喜爱京剧并对京剧抱有乐观态度的人则觉得，既然外国人那样喜欢京剧，那么民族戏剧一定有光明的前景。还有人说，梅博士博采中西之长，一定会带给戏剧革命性变化，一种融汇中西精髓的戏剧形式即将诞生。

《中国大百科全书·戏曲曲艺卷》将梅兰芳的舞台活动划分为三个时期，其中：从1915年起至抗日战争为止，是梅兰芳艺术活动的中期，这一时期，他的创造精力最为旺盛，先后排演了时装新戏和古装新戏，又致力于传统剧目的整理加工。在此时期，他完成了京剧旦角表演艺术上的重大革新，完成了前辈旦角演员特别是王瑶卿的未竟之功。

在苏联和欧洲的访问结束后，梅兰芳回到祖国。此时的他，满怀着对于中国戏剧的热爱和改革旧戏的热情，正在积极准备着投入他的演出和戏剧改革事业，努力实现民族戏剧的光明前景，抑或是创造融汇中西精髓的戏剧形式，但是，时代并没有给他这样的机会，因为：战争开始了！

回忆斯坦尼斯拉夫斯基（节选）
——梅兰芳自述七

......

我记得1935年我带了剧团访问苏联时，受到苏联人民和文艺界的热烈欢迎，这是一次具有历史意义的文化交流。在执行我们的委员会名单上第一位就是斯坦尼斯拉夫斯基，第二位是他亲密的战友聂米洛维奇·丹钦科。

当时我在欢迎会上看到了两位老先生的风采，并听到了他们的欢迎致辞。又在另一次座谈会上，听到聂米洛维奇·丹钦科对于中国戏的评价和鼓舞，他并且告诉我他和斯坦尼斯拉夫斯基两个人在水兵时代创立艺术剧院时候受到的政治上的层层压迫和旧型剧院的种种阻碍情形，他又谈到他和斯坦尼斯拉夫斯基如何密切的合作，在民族艺术传统的基础上，进行社会主义现实主义的革新和创造的艰巨过程。

有一天下午，我们约定到斯坦尼斯拉夫斯基家里去访问。这是一所古老的房子，环境很安静，我们的汽车在街门口停下来以后，还得再走一段路才到了他的住宅门口。老先生站在门口欢迎我们。他一见就紧紧抓住我的手，有一分钟之久，眼光充满着热情，露出神交已久的神气，当时我很激动，却想不出一句适当的话来，我们两个人携着手走进他的书房。

书房很宽敞；左边摆着一张大书案，右边墙下摆着一列很长的书柜，里面摆满了书籍。我先把从北京带去的几个泥塑戏装人形、一套脸谱和一部关于我自己的表演论文集赠送给他。老先生非常高兴，赏鉴了半天，问了一些戏装泥人所表演的故事以后，就亲手着重地安放在书架上。

我坐下来以后，才有机会仔细瞻仰这位白发苍然的戏剧大师。这里他已经七十开外了，虽然多病，看起来精神还很好。态度是庄严肃穆的，可是却又和蔼可亲，从它的富于感情的面貌上，可以想象出他当年表演时候的神采。

我们先谈中国戏曲的源流和发展情况，中间不断涉及他在看了我的表演以后感到有兴趣的问题。老先生理解深刻的程度是使人敬佩的。对于另外一个国家的民族形式的戏曲表演方法他能够常常有精辟深刻的了解，譬如他着重地指出"中国剧的表演，是一种有规则的自由动作"，这还是从来没人这样的说过。

老先生还备了茶点。我们一边吃一边谈，感到非常愉快。彼此的感情交流，如同在他乡遇见老友一般。谈话进行了相当的时候，下面有人来请斯坦尼斯拉夫斯基去看他导演的一个古典剧《奥涅金》当中的两幕，再作一些必要的审查。老先生约我们一起下楼到他的客厅里去。这是一间大客厅，内有四根柱子，在客厅的尽头，改装了一个小型的舞台，靠墙放着三把高背的椅子，戏排完之后，我们还在这里照过一张相。

我们坐在戏台前面临时摆好的一排椅子上面看戏。老先生聚精会神地看着台上表演，从他的手势和面部表情上可以看出他对工作一丝不苟的态度。他认为满意的，就对坐在他身旁的秘书点头，他觉得不满意的地方就小声地、仔细地说出他的修改意见，那位秘书都记在笔记本上。戏排好以后，已经快天黑了，我们就告知出来。这一次访问，斯坦尼斯拉夫斯基慈祥而又严肃的面影，忠于艺术的态度，给了我深刻的印象。

斯坦尼斯拉夫斯基和丹钦科两位老先生，还执行我们剧团看他们导演的名剧。如《樱桃园》《海鸥》等戏，那一次访苏期间我的收获是：初步懂得了为什么苏联人民、党和政府要这样重视他们，尊敬他们，懂得了为什么全世界进步的戏剧艺术工作者要研究他们的学说。

……

从他的经典著作中所看到的：教人如何从现实生活中和古典艺术成果中吸取材料。怎样利用松弛，如何与同台人情绪交流，把握动作贯串线，引导自己到下意识的境界中。我曾经对这一系列的创造过程和表演法则做过一些研究，觉得过去我们有些优秀演员所谈的心得有很多暗合之处，就是我在舞台上，一生所体会到的，和斯坦尼斯拉夫斯基体系也是相通的。因此我深深地感觉到作为戏剧工作者必须认真学习斯坦尼斯拉夫斯基表演体系，我常常和我们京剧演员们谈起，学习斯坦尼斯拉夫斯基体系，假使存在着一个适合哪一种戏剧和不适合哪一种戏剧的观念，那是错误的。斯坦尼斯拉夫斯基自己说过："我的体系并不是一些写定了的规则。"他又说："我的体系，无疑地像世界上许多其他体系那样，所能做到的只是帮助演员去发现本来就有的种种力量，教他观察这些力量是怎样地在活动，在他自己情感与思想所造成的混沌中找出一条路来。"所以说，这不是教条而是所有全世界演员的行动指南。作为京剧演员，学习这个体系是十分必要的。

周恩来总理看了戏后，对梅兰芳说：「这个戏很好，看得出是你舞台生活四十年的集中表演，也是你老年的代表作。」1961年5月31日晚上，梅兰芳应中国科学院之邀，率领梅剧团到北京西郊中关村为科学家们演出了《穆桂英挂帅》。郭沫若先生看过此剧后激动地写道：「你把穆桂英真正演活了，大家都为你的高度优美的艺术风格而感到鼓舞，感到忘我的虔诚，感到陶醉。中关村科学院的礼堂实在太小了，但有你在台上演出，使那小小的礼堂成为无限大的宇宙。在那儿真是充满了光辉，充满了愉乐，充满了肃静，充满了自豪，充满了生命，充满了美。」

蓄须明志

1937 年七七事变和八一三事变相继爆发，北平、上海相继沦陷，落入日寇之手。梅兰芳在上海，经常受到日本人和汉奸的骚扰，请他出来演戏。此时梅兰芳已经停止了演出，甚至营业戏也不再参加，对此冯耿光曾说过："虽然演的是营业戏，可是梅兰芳一出台，接着日本人要他去演堂会，要他去南京、东京、满洲国演出，他如何回绝呢？"

无奈之下，梅兰芳选择了躲避，1938 年春天，他在好友冯耿光的安排下，利用香港利舞台请他赴港演出的名义离开上海来到香港，到香港演出了一段时间，梅兰芳便停止演出，寓居在香港一处住所中，深居简出，以学习英文和世界语、画画、打羽毛球、集邮、与朋友谈掌故、收听广播打发时间。有时晚上悄

1941 年夏，福芝芳携子女由上海来香港拍摄的全家合影（前排左起：梅葆玥、福芝芳、梅葆玖、梅兰芳，后排左起：梅绍武、梅葆琛）

悄吊吊嗓子，为不让周围邻居听
见，唱之前，他都得关紧门窗，拉
上厚厚的窗帘。

1941年太平洋战争爆发，日
本军队把弹丸之地香港团团围住。
此时的香港，已成为南海之滨的
一片孤岛，隆隆的炮声使人提心
吊胆。梅兰芳的公寓位于干德道，
与英国海军司令部和日本领事馆
毗邻，这似乎是个安全的位置。但
是，偏偏就在此时，一颗炸弹袭击

梅兰芳蓄须像

了梅兰芳的公寓。对此，当时只有7岁的梅葆玖在若干年后回忆道：
"一颗炮弹从九龙打到父亲旁边那个房间，掉到床上了，幸亏那是一
颗哑弹，并没有炸开。父亲说，大家都靠后，别躲，让我的两个孩子
给它运出去吧。于是两个哥哥拿布包裹着炸弹，走到公寓外干德道的
一个山坡上，把它滚下去，一直滑到山沟里。"

虽然是有惊无险，但梅兰芳清醒地认识到香港已经不再安全了。

12月25日香港沦陷，日军进驻香港后，到处横行霸道，时不时
到市民家中搜刮财物。这时梅兰芳开始担心，如果日本人找他演戏，
怎么办？他与妻子商量后，决心采取一项大胆举措：留蓄胡子，罢歌
罢舞，不为日本人和汉奸卖国贼演出。他对友人说："别瞧我这一撮
胡子，将来可有用处。日本人要是蛮不讲理，硬要我出来唱戏，那么，
坐牢、杀头，也只好由他了。"

1942年1月，香港的日军司令酒井看到梅兰芳留蓄胡子，惊诧
地说："梅先生，你怎么留起胡子来了？像你这样的大艺术家，怎能

百年巨匠
梅兰芳
Century
Masters
Mei
Lanfang

退出舞台艺术？"梅兰芳回答说："我是个唱旦角的，如今年岁大了，扮相也不好看，嗓子也不行了，已经不能再演戏了，这几年我都是在家赋闲习画，颐养天年啊！"酒井一听，十分不悦，气呼呼地走了。过了几天，酒井派人找梅兰芳，一定要他登台演出几场，以表现日本统治香港后的繁荣。正巧，此时梅兰芳患了严重牙病，半边脸都肿了，酒井获悉后无可奈何，只好作罢。翌日，梅兰芳感到事态十分严峻，香港也成了是非之地，不能久留。于是他立即坐船返沪，回到阔别三年多的上海老家。

国民党亲日派首领、大汉奸汪精卫，在南京成立伪国民政府后，自任主席兼行政院长，并在上海大都市设立特务机关。特务头子吴世宝提出要宴请梅兰芳，并劝梅作一次慰问演出。消息传来，梅兰芳心头一震，自言自语地说："才出虎穴，又入狼窝，这世道怎能让人活下去！"福芝芳见丈夫忐忑不安，茶饭不思，便说："不行的话，明天我去赴宴，与他们周旋。"

次日，福芝芳来到汪伪政权特务机关的 76 号宅院。特务头子吴世宝劝她说："几年不见梅老板，听说蓄起了长长的胡须，是不是为了在国民面前要个面子？我看大可不必，太太应该关心他才是。如今日本人当道，还是识相点为好。"福芝芳当即回击说："梅兰芳是个中国人，岂能出卖祖宗、放弃节操！"特务头子听后勃然大怒，指着福芝芳恶狠狠地说："梅老板唱了几十年的戏，大概还没有领教过我吴某所导演的'舞台'吧。"说完，硬领着福芝芳去看铁门里血淋淋的刑具，接着又陪福芝芳赴宴。福芝芳坐在桌边，始终不动嘴巴，不动筷子，以沉默抗争。特务头子便伸出罪恶之手，端来一铁罐硝镪水进行威胁，福芝芳毫不畏惧，镇定自若地说："硝镪水岂能毁掉他的国格和人格！"言罢，拂袖而去。

福芝芳回到家中，向丈夫细说了这一切。梅兰芳深感局势严重。就在这关键时刻，梅夫人想起在香港以牙痛驱走日本人的经验："你放心，事到临头，我自有应急办法。"第二天，当闻听日本人要来，她便吩咐儿子从抽屉里拿出一支四联防疫针，找出针筒，要梅兰芳赶快躺在床上，注射针药。不一会，梅兰芳真的开始发起高烧来了。日本人来后，摸了梅兰芳滚烫的额头，只好无奈地摇着头走了。

梅兰芳有一笔演出的收入，在赴港时，曾带往香港存入银行。可是返回上海不久，日寇统治下的香港将这笔高额存款全部冻结，无法取出。一直靠利息过日子的梅兰芳，家庭生活顿时举步维艰，全家如何生存成了梅兰芳日夜思考的难题。他问夫人怎么办？夫人说："最近报纸登出了何香凝女士卖画谋生的消息，我们不妨也来学她。发挥你的绘画才能，卖画度日如何？"

其实梅兰芳早有这种念头，只是没有说出，怕夫人不同意。现在夫人主动说出来了，他自然点头称好。两人着手构思，夫人磨墨，丈夫绘画。不到八天，画了20多幅鱼、虾、梅、松。当市民看到醒目的"本店出售梅兰芳先生近日画作，欢迎光临"的广告时，竞相购买。不到两天，20多幅画就全部卖完了。

这件事传出后，上海文艺界、新闻界、企业界反响十分强烈，许多知名人士提出要为梅兰芳办画展，梅兰芳得知后特别兴奋，为不负众望，他苦战了半个月，画了几十幅作品，面交主办者安排。主办人员选定重阳节在上海展览馆展出，请梅兰芳夫妇届时光临剪彩仪式。

然而此消息不胫而走，日伪汉奸获知后互相勾结，肆意捣乱，他们派来一群便衣警察，提前进入展览大厅大做手脚，前来参观的许多群众见状纷纷离开。梅兰芳看见门口冷冷清清，觉得奇怪。当他走

百年巨匠

Century
Masters

梅兰芳
Mei
Lanfang

梅兰芳画作选

进展厅后，发现每幅画上都用大头针别着纸条，分别写有"汪主席订购""周副主席订购""冈村宁次长官订购"……还有一些写着"送东京展览"。梅兰芳夫妇目睹此景，气得两眼冒火，立即拿起桌上的裁纸刀，刺向一幅幅图画。"哗！哗！哗！"几分钟内将画化为碎纸。

梅兰芳义愤填膺的毁画举动，很快传遍整个上海，也很快传向大江南北。上海当局的报纸抢先发布头号新闻，言称："褚部长目瞪口呆，一场画展一场虚惊！"宋庆龄、郭沫若、何香凝、欧阳予倩发表声援讲话，称赞梅兰芳民族气节凛然，为世人所敬仰。广大群众也纷纷寄来书信，支持梅兰芳的爱国行动。梅兰芳看到全国人民对他如此赞赏和支援，感动得热泪盈眶，兴奋地对夫人说："我梅兰芳再也不是一只孤燕了！"

梅兰芳断了经济来源，生活自然拮据。1942年春节，梅兰芳的岳母为了给小孩子们玩掷骰子的游戏，想找家里一个古瓷瓶和一个旧碗当工具。当她翻遍了家里所有的角落也没找到时，梅兰芳对她说："您别找了，那个碗和瓶子我已经拿出去换成米吃了。"在这几年中，梅宅中值点钱的东西被一件件陆陆续续地卖掉或当掉，那些曾经被梅兰芳视为珍宝的东西变成了一张张当票或是一些粮食。昔日高朋满座的梅宅逐渐显现出家徒四壁的清贫景象。后来，为了缓解经济上的压力，梅兰芳不得不卖掉了北京无量大人胡同的房子，"缀玉轩"从此成为历史名词。尽管这样，后来还是他还是要靠举债度日，向亲友借了一笔钱。有的好友得知他家生活陷入绝境，便解囊相助。老画家叶誉虎提议与他合作，办一个国画展览，突出梅、竹的主题，以扩大社会的影响。

沦陷区的上海，一片混乱恐慌，不是停水停电，就是空袭警报，市民生活得提心吊胆。梅兰芳在这种艰苦环境里作画，克服一系列难以想象的困难，画技大有长进。经过八个月的苦战，他一个人就画

梅兰芳在上海寓所书房 —— 梅花诗屋

了 170 多件，题材十分广泛，包括仕女、佛像、花卉、松树、梅花等，同叶誉虎的作品一起，于 1945 年春天，在上海成都路中国银行的一所洋房里展出，受到广大参观者的好评。

展览结束后，梅兰芳为了生活，被迫将其中大部分作品卖掉，所得收入一是还债，二是安排家庭生计，三是资助剧团里生活更困难者，帮助他们度过 1942 年至 1943 年的寒冬和新年。

姜凤山是与梅兰芳合作了 12 年的老琴师，抗战爆发让他失去了工作，失去了赖以为生的经济来源。他回忆道："梨园界谁也忘不了这八年抗战的时期。梅兰芳没有唱戏，却经常给梨园公会寄钱，尤其是到了年下，我们领钱、领面，那都是梅大爷寄来的。这些钱都是他卖字画得来的啊，过年的时候，由梨园公会发给每个人半袋子面，我们就拿回家包饺子……"

梅葆玖回忆那段艰苦岁月时说："父亲并不是说不唱戏了，艺员们的死活就不管了，他始终都在挂念着所有的人，只要还有点办法，就要在经济上帮助别人。这也是为什么那么多人对父亲一直是念念不忘的原因。"

百年巨匠
Century Masters
梅兰芳
Mei Lanfang

春消息

甲申臘月
浣華題於
梅花詩屋
之南窗用
色難滯而
老幹峥嶸
尚可取也

梅兰芳绘《春消息》

梅兰芳在抗战期间断然蓄须明志，不为民族敌人演出，表现了一代艺豪不屈不挠的刚强骨气。对于梅兰芳的所作所为文艺界给予了充分的肯定，诗人田汉曾有诗赞曰：

八载留须罢歌舞，坚贞几辈出伶衲。

轻裘典去休相虑，傲骨从来耐岁寒。

丰子恺评价说：

设想日寇侵占上海之时，野心勃勃，气势汹汹，有鲸吞东亚大陆之概。我中国人民似乎永远翻身之日了。于是"士夫"之中，倒戈者有之，媚敌者有之，所欲无甚于生者，不知凡几。梅先生在当时一"优伶"耳，为"士夫"所不齿，独能毅然决然，蓄须抗战，此心可与日月争光！此人真乃爱国英雄。……试问：非有威武不能屈之大无畏精神，曷克臻此？

梅兰芳重登舞台前在沪寓所由琴师王少卿为之吊嗓

噩梦醒来是早晨。1945 年 8 月 15 日，日本帝国主义宣布无条件投降。梅兰芳在这一天剃掉了留了三年的胡须，准备重返舞台，这一次梅兰芳演的是昆曲，又是他最擅长的《游园惊梦》。1945 年 10

百年巨匠
梅兰芳
Mei
Lanlang
Century
Masters

月 10 日，梅兰芳在上海美琪大戏院与俞振飞合作演出了昆曲《游园惊梦》。梅兰芳的复出让观众沸腾了，他自己也兴奋不已。他在《文汇报》发表文章《登台杂感》向世人宣告"我还能够唱"。

登台杂感（节选）
——梅兰芳自述八

沉默了八年之后，如今又要登台了。读者诸君也许想象得到：对于一个演戏的人，尤其像我这样年龄的，八年的空白在生命史上是一宗怎样大的损失，这损失是永远无法补偿的。在过去这一段漫长的岁月中，我心如止水，留上胡子，咬紧牙关，平静而沉闷地生活着，一想到这个问题，我总觉得这战争使我衰老了许多；然而当胜利消息传来的时候，我高兴得再也沉不住气，我忽然觉得我反而年轻了，我的心一直向上飘，浑身充满着活力，不知从哪儿飞来了一种自信：我相信我永远不会老，正如我们长春不老的祖国一样。前两天承几位外籍记者先生光临，在谈语中问起我还想唱几年戏，我不禁脱口而出道："很多年，我还希望能演许多许多年呢。"

因为要演戏，近来我充满着活动的情绪。吊嗓子，练身段，每天兴冲冲地忙着，这种心情，使我重温到在科班中初次登台时的旧梦：一方面是害怕，一方面是欢喜。那种兴奋竟是这样地吻合！八年了：长时间的荒废，老是那么弯着，因为怕人听见，连吊吊嗓子的机会都没有，胜利后当我试向空气中送出第一句唱词的时候，那心情的愉快真是无可形容。我还能够唱，四十年的朝夕琢磨还没有完全忘记。可是也许玩意儿生疏了；观众能给我大量的包涵吗？

百年巨匠

Century
Masters

梅兰芳
Mei
Lanfang

我怎么能够满足观众对我的期望？然而我知道，这一切大概不成问题。因为我这一次的登台，有一个更大的意义，这就是为了抗战的胜利。在抗战期间，我自己有一个决定：胜利以前我决不唱戏。胜利以后，我又有一个新的决定：必须把第一次登台的义务献给祖国。当时我想，假如胜利还都的时候，有一个庆祝会，我愿意在举国欢腾声中献身舞台。现在我把这点热诚献给上海了，为了庆祝这都市的新生，我同样以无限的愉快去完成我的心愿。

我必须感谢一切关心我的全国人士。这几年来你们对我的鼓励太大了，你们提高了我的自尊心，加强了我对于民族的忠诚。请原谅我的率直，梅氏今晚献演之"刺虎"一景，我对于政治问题向来没有什么心得。至于爱国心，我想每一个人都是有的罢？我自然不能例外。假如我在戏剧艺术上还有多少成就，那么这成就应该属于国家的，平时我有权利靠这点技艺来维持生活，来发展我的事业；可是在战时，在跟我们祖国站在敌对地位的场合底下，我没有权利随便丧失民族的尊严：这是我的一个简单的信念。也可以说是一个国民最低限度应有的信念。社会人士对我的奖饰，实在超过了我所可能承受的限度。"自由西报"的记者先生说我"一直实行着个人的抗战"，使我感激而且惭愧。

（原载《文汇报》1945年10月10日第2版）

重登舞台

回到舞台上的梅兰芳，心中充满了热情。日本投降两个月后，梅兰芳参加了抗战胜利庆祝会，在兰心剧场演出《刺虎》。消息一经传开，整个上海、整个中国，甚至整个世界都轰动了。演出的当天，"梅花诗屋"里挤满了来自世界各地的中外记者，到处是高高架起的水银灯。采访、拍照，梅兰芳忙得不亦乐乎！甚至当他坐在化妆室里时，心情还是久久不能平静下来。化好妆装后，他一反多少年养成的静坐习惯，在后台走来走去，还不时地问周围的人："你们看我扮得怎么样？搁了这么多年，心里简直没有谱了。"

该梅兰芳出场时，台下鸦雀无声，观众们屏住呼吸，静静地等待着这位阔别舞台八年之久的爱国艺术家重新登台表演。梅兰芳一出场，一阵雷鸣电掣般的掌声顿时回荡在偌大的剧场里，经久不息，像是要把屋顶掀翻似的。尽管梅兰芳的嗓子不够理想，对舞台部位感到生疏，甚至身段也欠自然，但观众的喝彩声却是空前的。人们以这种方式，向他们所器重、所爱戴的艺术家表达着他们由衷的敬意。

演出结束后，梅兰芳还沉浸在兴高采烈的心情中。吃夜宵时，一反平时"大姑娘"式的腼腆和羞涩，谈笑风生，语惊四座，频频夹菜，还破例喝了一杯酒……兰心剧场的演出是庆祝性质，更多的观众迫不及待地要看梅兰芳的演出，梅兰芳也急着想和他的老观众们见面。然而剧团工作人员都在北平，南北交通尚未恢复，怎么办？正巧姜妙香、俞振飞和传字辈的几位昆曲演员和伴奏人员都在上海，梅兰芳决

百年匠匠
Century
Masters
梅兰芳
Mei
Lanfang

定，京剧唱不成，那就先唱昆曲。

于是，继兰心剧场的演出之后，梅兰芳又在美琪电影院上演了《断桥》《思凡》《奇双会》《游园惊梦》等五个剧目。梅兰芳原来担心票卖不出去，但演出海报一上墙，三天内，戏票就被抢购一空。首次演出结束时，观众们蜂拥而上，挤至台口，向梅兰芳长时间地鼓掌致意。几天下来，上海的街头巷尾，茶坊酒肆，到处都是议论梅兰芳的人们。有的赞扬他的技艺、精神不减当年，更多的人则赞叹他那威武不屈的崇高气节。

1946 年春天，梅兰芳剧团的管事李春林邀请王琴生到上海，与梅兰芳合作演出。王琴生是著名的京剧老生演员。他初学铜锤花脸，后改学老生。师事德少如、刘砚亭、张连福、宋继亭等人。1936年又拜谭小培及丁水利为师，用功不辍，文武兼能。因天赋嗓音圆润，扮相潇洒，一些著名演员都愿意与他合作演出。在王琴生的大力配合下，梅兰芳有计划地在上海恢复了他的正常演出生活。4 月，在上海南京大戏院演出，主要剧目有《宝莲灯》《汾河湾》《打渔杀家》《御碑亭》《法门寺》《四郎探母》《武家坡》《大登殿》《抗金兵》等。

南京大戏院演出结束后，又移至西藏路皇后大戏院继续演出。这次戏目不是很多，且常常重复表演，但观众仍是趋之若鹜、一睹为快。上海的剧场，最大的不过一千多个座位，小的只有六七百座位。因而戏院门口经常是车水马龙，预售票也往往被一抢而空。

后来，梅兰芳转到中国大戏院进行演出时，剧场经理想出了一个办法，用霓虹灯做了一个"客满"的字牌，晚上人们从老远的地方一看，就能知道，不必再来了。从此，这种方法被其他剧院纷纷仿效起来，成为梅兰芳重新登台后出现的一个创举。

美琪大戏院。梅兰芳抗战胜利后恢复登台时演出的剧场

　　就在梅兰芳如鱼得水、鲲鹏展翅般地纵横驰骋于戏曲舞台时，另一种声音也开始出现。1947 年《文汇报》的副刊"浮世绘"上发表了一篇《饯梅兰芳》的文章，全文不到 2000 字，通篇贯穿了一个主题，那就是梅兰芳老了："奇怪得很，赌气坐在地上时，装出不快活的脸子时绝似芙蓉草，可怕的"老"……今天我又挤到台前去看谢幕，我鼓了掌，两次，三次。我看见梅的确是老了。"

　　那么梅兰芳是不是真的老了吗？

　　据说当时有记者问梅兰芳为什么不退休，他感叹说，还不是为着北平一批没饭吃的同行吗？的确，北平同行的困难深深刺疼着梅兰芳的心，《梅兰芳传稿》中这样描述当年梅兰芳所乘的飞机在南苑着陆时的情形：

　　　　在那批名流闻人和新闻记者的后面总是站着些须发皓然，衣衫褴褛的老梨园。在与那些'名流'阶级欢迎人员握

百年巨匠
Century
Masters
梅兰芳
Mei
Lanfang

手寒暄之后，兰芳总是走到这些老人们的面前，同他们殷殷地握手话旧。他们有的是他父执之交，有的是他的旧监场，现在冷落在故都，每天在天桥赚不到几毛钱，一家老幼皆挣扎在饥饿线……每逢严冬腊月，兰芳孝敬他们的红色纸包儿，那里面往往超过他们几个月的收入……

章诒和说："梅一生视艺术、江湖情义、家族高于个人。他下面有上百号人，牵一而动百啊。"梅兰芳自己也把帮助京剧界的同仁解决经济困难当作义不容辞的责任。他曾多次以自己的这种行为教育、告诫子女："除了平时给他们接济安排生活以外，我到了旧历年，就要为他们组织一场义务戏，那就是所谓的'窝窝头'会。我总是与各班的演员联合一起亲自参加演出，把收入分发给贫穷的同行，让他们安度年关。如果我不在北平时，在外地也要专场为北平的同仁们演出，然后把所得的款额全数寄回北平周济他们。"

萧长华先生曾写过一篇文章，题目是《畹华的高尚品格》。在这篇文章中，他深有感触地提到："要说畹华的为人处世，那是秉承了梅氏家风的。他祖父巧玲先生一生就是仗义疏财，济困扶危，对同业中任何人都是忠厚相待，诚心以见，台上最有戏德，甚得人们的赞佩。这种关心同业生活困难的美德，影响了后来的畹华同志。"多少年后，梅兰芳在他所写的自传中，曾提及他的祖父梅巧玲对他的至深影响："我的祖父梅巧玲是满清同治、光绪年间的名演员。在那个时期，戏曲演员是被人看不起的。我祖父一生为人有行侠仗义的作风。他对同业和朋友们的帮忙，常常是牺牲本身的利益去替别人解决困难。这类事情很为人们所称道。我的父母去世很早，我祖母和姑母把我祖父的为人行事讲给我听，我受了感动，立志要学我祖父和一切好人的样

《贵妃醉酒》剧照。梅兰芳饰杨玉环，孙盛武饰高力士

第三章 挂帅

子，要长进向上，不敢胡来。"

　　解放战争三年时间里，梅兰芳的主要活动以演戏为主，对政治没有太多接触。不过，对于关系到上海文艺戏曲界进步人士的活动，他也并非漠不关心。1946 年 5 月，上海警察局下令实行"特种职业登记"，扬言"艺员登记势在必行，话剧演员亦不例外"。这一行为明显带有侮辱性质，引起田汉、周信芳为首的戏剧界进步人士的强烈不满。不久上海戏剧界组成了"拒绝艺员登记委员会"，会员有田汉、周信芳、赵丹、白杨、欧阳山尊等。委员会在新利查西莱社举行执行新闻界茶话会，会上田汉讲话说"剧艺界同人不要妄自菲薄"，"只有文艺与戏剧才是代表国家的"，"郭沫若先生从苏联回来说，苏联人士只知道鲁迅与梅兰芳，而根本不知道谁是警察

局长"。在戏剧界进步人士的联合掀下，上海警察当局最终不得不取消了这种侮辱性政策。进步人士的活动也引起了梅兰芳的强烈共鸣。

1947年3月，梅兰芳应邀参加了田汉的祝寿活动。这不是一次普通的祝寿，而是借此向国民党当局示威，具有明显的政治色彩。13日下午，祝寿活动在上海西藏路上的宁波同乡会举行，参加的人数据说达到了2000人，除了梅兰芳、周信芳等戏剧界代表外，还有民主人士沈君儒、柳亚子、罗隆基，左翼文艺界代表郭沫若，作家代表叶圣陶，话剧界代表洪深、熊佛西、曹禺等。会上，梅兰芳、周信芳、熊佛西等人先后发言，盛赞田汉对戏剧的杰出贡献。通过这次活动，梅兰芳进一步接近了左翼进步人士。

抗日战争胜利以后，国民党政府一面与共产党在重庆举行和平谈判，签订了与共产党"长期合作"的"双十协定"，一面对解放区进行武装军事进攻。然而，上党战役、邯郸战役、孟良崮战役，国民党都一败涂地。接着，1948年秋冬之际的辽沈战役、淮海战役、平津战役三大战役，共产党更是以摧枯拉朽的军事攻势，送给了国民党根本性的惨败。国民党政府开始向台湾逃亡。大官僚、大资本家、大地主们也纷纷追随前往。而一些文化界、艺术界的名流，也因种种情况，想方设法，离国而去。梅兰芳也面对着两种抉择。"向来不关心政治"的梅兰芳却偏偏总是被政治所关心。不关心政治，不等于不辨是非，梅兰芳有他明确的为人处世原则。

1947年1月6日的《新民报》上登载了一篇文章，提到梅兰芳拒绝去日本为太平洋美军司令麦克阿瑟将军演出一事。接着，又这样写道："最近梅君赴京演剧，当局为了要招待马歇尔元帅，特别挽留他多演一天戏。有人认为这也是一种莫大的荣誉，在常人是求也求不到的，但是梅君也拒绝了。"是的，梅兰芳不愿意为美国的马歇尔元帅演出。他怎么能为帮助国民党发动内战，致中国人民于水火之中的刽子手效劳呢？梅兰芳当面拒绝了蒋介石，连夜离开了南京。

1948 年的上海，战争的疮痍满目，自然灾害严重，物价一日三涨，民众苦不堪言。一些做投机股票生意的"朋友"来到梅宅，要梅兰芳也参加他们的活动。他们轮番向梅兰芳进攻，说他们的消息直接来自某某大亨，绝对保证做一笔赚一笔。他们甚至表示，梅兰芳只要同意，都无须真正付钱做本金，仅用"梅兰芳"的名字，就能通过买空卖空的手段把钱赚回来……对于这些诱惑，梅兰芳一一地给予了婉言谢绝：我目前已出台演戏，生活费用已经够了。送走了这些人后，梅兰芳才愤慨地对夫人福芝芳说："我才不做这种缺德事！假使我真做赢了投机买卖，每当我端起碗吃饭的时候，都会有做输了的人正在跳黄浦江！一想到这些，你说，我这碗饭还吃得下去吗？"

后来梅兰芳于 1949 年 9 月在中国人民政治协商会议上发言时说的话，可以解释他此时的政治选择："辛亥革命、北伐成功，对我个人并不发生关系……我看他们（指反动统治者）的所作所为和善良人士绝不一样……"抗日战争胜利以后，"（我）看到蒋介石政权的贪污黑暗日甚一日，认为这个集团必定要倒台……到了 1949 年，平津相继解放，人民解放军迅速南下，势如破竹，这时我看清楚了，解救中国的真正力量是共产党领导的人民革命。"

正因为这些，当国民党的一些高级官员频频劝诱梅兰芳离开大陆，和他们一道逃往台湾时。

1949 年梅兰芳重要的伙伴，"梅党"的重要人员齐如山选择了出走台湾，临走时他还用一句"再思啊再想"劝说梅兰芳；而令他没有想到的是，梅兰芳却很轻松地说了一句："你到了台湾，我们还可以一起搞戏剧。"1949年3月23日齐如山又致函上海，邀梅兰芳及言慧珠赴台演出。梅兰芳于3月26日复信云："您所询赴台表演一节，根本无人来谈。此间小报又云，顾正秋之管事放空气说，台人反对梅、言来台表演，影响顾之上座也。但顾系澜（按：梅兰芳之学生），其本人当不至有何歹意……"就这样梅兰芳婉拒了齐的邀请。关于拒绝原因，梅兰芳后来也曾解释道，唱了一辈子戏，自然是观众在哪就在哪啊。

就在此时，共产党也及时地向梅兰芳伸出了欢迎的双手。一天，梅兰芳正在马思南路的寓所里休息，家人跑来告诉他：有人隔墙向梅宅的院子里扔进来一本《白毛女》的剧本。梅兰芳手捧这本简装的油印剧本，久久地琢磨着这个剧本的创作者们，以及将这一剧本送给自己的那些人，那些完全不同于自己和自己朋友的陌生而遥远的人们……

不久，在中法大药房药剂师余贺的家中，梅兰芳与共产党的要人周恩来见了一次面。余贺是一位医术高超的医生，是国民政府第一任卫生部长刘瑞恒的妹夫，早年与周恩来是天津南开中学的同班同学，又因梅兰芳的好友李桂芬的关系而认识了梅兰芳。这次梅周的见面，就是由他安排的。会见的细节，梅兰芳后来都记不清楚了，但周恩来鲜明的态度却使梅兰芳永志难忘。他诚恳而热情地对梅兰芳说："你不要随国民党的撤退离开上海，我们欢迎你。"梅兰芳知道，周恩来的话，不仅代表他个人，而且代表着他的党。1949年的春天，上海解放前夕，夏衍和熊佛西受中国共产党党组织的委托，一起来到了梅兰芳家里，动员梅兰芳留在上海，迎接新中国的诞生。含泪送走了好友齐如山等人之后，梅兰芳最后做出了决定：留下！

我理想中的新中国

——梅兰芳自述九

杜门谢客隐居八年之后，我今天又在舞台上和观众相见了。这是胜利后的第一个国庆日，我敬以无限的欢欣，与社会人士同伸庆祝的微意。

回想八年以来，我们所过的是如何阴暗的岁月。中国是具其悠久历史和优秀传统的国家，在抗战期中，每一个国民都有为她忍受痛苦的义务。现在痛苦的日子已经过去了，我希望未来的将是永久的和平与幸福。

至于我个人，我只是一个演剧者，毕生的心力都花费在舞台上。如果也允许我对新中国有什么理想，我愿意从我切身的事业想起。

我想象，在未来的新中国，无论新旧戏剧，都将是文化事业的一环，社会教育的一个有力的部门；而不只是单纯的娱乐。从事戏剧的工作者，都成为服役于民众的艺术家，建设新中国的战士，国家保障他们的生活，社会尊重他们的地位；而他们本身，也不止于是供闲人消遣的工具。在平剧一方面，我希望有一个国家设立的学院，一面以完备的课程（包括一般的教育）训练人才，一面聘请专家实验研究，如何使它去芜存精，发扬光大。因为社会的进步，平剧是否终将归于淘汰，我现在想象不出来。可是这一艺术形式的存在，自有它历史的和社会的依据，直至今日，还是最为广大观众所接受，加以改革，推进，使它蜕化为一种有意义的教育工具，我想是必要的吧。

自然，要实现这种理想，我们必须有一个富强的国家，进步，开明，充满着光明和朝气的社会。

（原载上海《周报》1945年第6期"庆祝胜利号"）

青春归来

时代很快就证明了梅兰芳的正确。

1949年5月27日上海解放，这天清晨梅兰芳早早地就上街了，隐隐地还有枪声，走到建国东路看到不少解放军睡在街上，他非常高兴地告诉家人，共产党的军队确实已经解放了上海，纪律好极了！跟许多从来没有接触过共产党的上海人一样，梅兰芳是通过这些解放军战士留下第一印象的，这个印象将他一段时间的疑虑彻底打消了。上海解放的第三天，梅兰芳就参加了欢迎解放军的文艺演出。

1949年6月下旬，一封来自北平的邀请函送到了梅兰芳的手中。这是一封邀请梅兰芳赴北平出席中华全国文学艺术工作者第一次代表大会的邀请函，函件的署名是周恩来。不久，陈毅亲到梅公馆看望梅兰芳，以询问的口吻向梅兰芳说道："周恩来副主席来电话说，毛泽东主席想请您在文代会期间唱几场戏，不知是否可以？"梅兰芳欣然允诺。24日，梅兰芳带梅葆玥、梅葆玖、王少亭等6人赴北平参会。这是一次充满感慨的旅程，自从1932年离开北京已经过了18年，可是北京人依然记得这位红遍世界的梅郎。当火车到达北京时，尚小云、荀慧生、姜耀香、袁世海等许多京剧名角在前门火车站迎候，北京市民也争相到正阳门车站迎接"梅大王"的风采。群众的热情也唤起了梅兰芳的热情，艺术家梅兰芳从此在一个崭新的环境中重新开始他的艺术生活。

7月2～19日，中华全国文学艺术工作者第一次代表大会在北平举行，出席会议的代表共 614 人，梅兰芳被推定为大会主席团成员。毛泽东以中共中央名义向大会发来了贺电。贺电说："在革命胜利以后，我们的任务主要地就是发展生产和发展文化教育。""我们相信，经过你们这次大

梅兰芳与盖叫天（左一）、周信芳（右一）在文代会上的合影

会，全中国一切爱国的文艺工作者，必能进一步团结起来，进一步联系人民群众，广泛地发展为人民服务的文艺工作，使人民的文艺工作大力发展起来。"周恩来到会作政治报告，他强调指出："文艺工作者是精神劳动者，广义地说来也是工人阶级的一员。"在那个年代，周恩来的这一评价无疑是对广大文艺工作者的极高肯定，也是给他们的一颗"定心丸"。作为会议代表，梅兰芳的心情是非常愉快而兴奋的，他说："我在会场中看到的是光明、团结，一种活生生新鲜的力量鼓舞着我，使我感觉到逝去的青春又回来了。"

7 月 6 日，梅兰芳受到了毛泽东、周恩来、朱德等中共领导人的亲切接见。这是梅兰芳第一次见到毛泽东。一回到住处，梅兰芳就兴奋地告诉夫人福芝芳："今天我见到了毛泽东主席、周恩来副主席。毛主席是那样的和蔼可亲，令人敬爱。周副主席对每位代表都十分关

怀。"会见过程中，周恩来还和梅兰芳"攀起了同行"。他握着梅兰芳的手笑着说："说起来我们还曾经是同行哩！"这话说得梅兰芳一头雾水。周恩来解释道："30年前，南开校庆，我们排演了话剧《一元钱》，北京文艺界曾邀我们到京演出。"梅兰芳一下子记起来，兴奋地说："您在《一元钱》里演一个女子。演出结束后，好像还开了个座谈会。"周恩来笑着说："对，虽然那是青年时代的事，但我们可以说是同行。"

既然是文学艺术工作者代表大会，而且代表分别来自解放区和国统区，会议期间代表之间互相切磋一下技艺，取长补短，也是会议的一项特色。为此，大会专门组织了演出委员会，先后安排35个文艺团体参加演出。梅兰芳演出了他的名作《霸王别姬》。演出那天，毛泽东身穿短袖白衬衫，在楼下第5排中间位置兴致勃勃地观看了演出。谢幕时，毛泽东和大家一道起立鼓掌。演出归来，梅兰芳向家人激动地说："我一出场就见到了毛主席。说实在话，这个戏我演了1000多场，都没有像今天这样淋漓酣畅。"

文代会即将闭幕，周恩来再一次接见代表。他特意对梅兰芳说："您离开北平很多年了，还是搬回北平住吧！梅先生原来住的房子，我们会安排腾出来后进行修缮的，希望您能到北平工作。"梅兰芳此前在北平的住址位于东城无量大人胡同，是一所7个院落打通，并配有荷花池、假山花园的大宅子。七七事变后，梅兰芳不与日本侵略者和汉奸合作，避居香港。香港沦陷后，梅兰芳蓄须明志，甚至不惜"自伤"，坚决辞去了一切演出，靠绘画谋生。然而家庭和剧团同仁们的生计一直以来都靠梅兰芳的演出收入来维持，在兵荒马乱的年代，绘画不足以解决生活问题。梅兰芳不得不把北平的这所宅子卖掉，以维持家人和同行的生活。现在周恩来要协助解决他在北平的住处，自然让梅兰芳很是感动，但他表示："回北平不能再住原来的房子了。因为那个宅院是我自己在抗战时期就已经卖了的，再住进去不妥。政府只要给几间宿舍，能安置下足矣。"周恩来非常赞赏梅兰芳的想法，嘱咐有关方面做好适当的安排。1951年梅兰芳到北京工作后，被安置在护国寺甲1号。这里曾是清末庆亲王奕劻王府的一部分，新中国成立前做过兵营。新中国成立后，政府专门进行了修葺，将其改建成一个三合院的住宅。到京后不久，梅兰芳的两个儿子先后完婚，梅家住房就显得有些局促。周恩来知道后找来有关方面负责人说："梅兰芳先生家来往的客人多，来人拜访连个客厅都没有怎么行？"他嘱咐有关部门在院子的南面加盖了10多间住房，使院子成为典型的四合院，解决了梅兰芳的住房困难。

今天的护国寺街甲1号院已经成了梅兰芳纪念馆，门牌号也变成了护国寺9号。从1951年到1961年，梅兰芳在这里居住了11年。那个时候这里非常温馨，东厢房是厨房餐厅和女儿梅葆玥的卧室，西厢房是长子梅葆琛卧室，北屋一排正房，最东边是梅兰芳与夫人的卧室，两张单人床并排摆放。梅兰芳公务繁忙经常很晚回家，演出后也习惯晚睡，为不打扰夫人休息分了两张床。正房中间是客厅。门口右手边立着紫檀穿衣镜，镜框周围是螺钿镶嵌的八仙过海图案，这面大镜子放在光线敞亮的地方，是为了方便梅兰芳对镜练功。不久后，由于两个大儿子都结婚生子，梅家又加盖了南房、西跨院后罩房。宅子挤了点，但便于梅兰芳与孙辈们亲近。有一次，孩子们在院里踢球，一脚把球踢进厨房饭锅里，梅兰芳只觉有趣，并不责怪。

1949年9月初，梅兰芳接到了全国政协筹备委员会邀请他到北平开会的通知。当时，在全国还没有完全解放的情况下，政协可以说是国家的最高权力机构，不仅有政治协商的功能，而且代行人民代表

北京护国寺街甲 1 号梅宅大门

大会的职权，代表全体人民行使管理国家的神圣职责。梅兰芳立即赴北平参加了政治协商会议，并在会上发言。他说："我们地方戏的工作者，在旧社会里面，向来是不被当人看待的。今天在共产党的领导之下翻身了，做了新中国的主人。""现在我们既然在政治上的地位提高了，更应自觉，更应努力本分工作，在毛主席领导下，前进！"10月1日，梅兰芳与毛泽东、周恩来等党和国家领导人一起登上天安门城楼参加了开国大典。梅兰芳的心中无比地骄傲与自豪，他真切地感到：过去的"戏子"如今成为新社会的主人，变天了，真的变天了！

还在政协会议期间，周恩来告知梅兰芳，希望他能担任即将成立的中国戏曲研究院院长，并告诉他"这是由我们政务院直接任命，而不是由文化部来任命的"，梅兰芳接受了这一任命。

1951 年 3 月，梅兰芳奉命到北京商谈筹建中国戏曲研究院的相关事宜。24 日晚，戏曲研究院的几位领导开会讨论函请毛泽东、周恩来等中央领导同志为中国戏曲研究院的成立题词。梅兰芳的名气最大，与中央领导同志的接触也最多，这件事就自然地落在了梅兰芳的肩上。为此，梅兰芳在荣宝斋专门订裱了白宣纸的册页，分送各中央

1949年第一次政协会议上，梅兰芳与周信芳、袁雪芬、程砚秋合影

1949年第一次政协会议上，梅兰芳与梁思成（右二）、老舍（右三）、华罗庚（左一）合影

百年巨匠
梅兰芳
Century
Masters
Mei
Lanfang

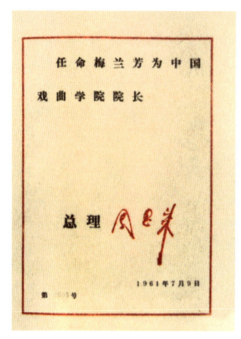

周恩来任命梅兰芳为中国戏曲学院院长的任命书

领导同志。

3月下旬，毛泽东派时任中南海怀仁堂会场布置科科长的钟灵送来亲笔题词，宣纸的左面写着"中国戏曲研究院"，右面写着"百花齐放，推陈出新"，笔锋墨彩浓重，充满了龙腾虎跃的气势。梅兰芳发现不是送去的册页，就问钟灵："我们的纸，大概不好，所以换了？"钟灵说："主席写的时候，我在旁边。第一次是写在原来的册页上，写完了，不满意，就另换纸写，又不满意。这是第三张。""主席给人题词，常常写几张，然后从中挑一张。"梅兰芳听了很感动，说："从写字这件事上，可以推想出毛主席处理党和国家大事是如何反复思考，谋定后动，我们必须学习他老人家这种认真负责、一丝不苟的精神。"周恩来也送来了题词："重视与改造，团结与教育，二者不可缺一。"

4月3日，中国戏曲研究院成立大会在北京大众剧场隆重举行，毛泽东的题词放大后制作了座屏，摆放在会场的显眼位置。这既是毛泽东对中国戏曲研究院的希望，也体现了毛泽东对整个文艺工作的思考。

梅兰芳是推陈出新方面的大师。他不断改进京剧表演艺术，在继承吸取前辈艺人表演艺术的同时，又对京剧剧目、唱腔、舞蹈、服饰等方面进行了全面的改革和创新，处处体现出他的匠心别具。对于这些改革与创新，毛泽东是看在眼里，记在心里。

1951 年 2 月 16 日是农历年的除夕，梅兰芳率剧团到中南海怀仁堂为中央首长演出，当时所演剧目为《金山寺·断桥》。在剧中梅兰芳饰演白素贞，梅葆玖饰演小青。毛泽东也来观看了节目，他看得很仔细。第二天是大年初一，梅葆玖继续在怀仁堂演出，梅兰芳则在台下看戏。周恩来遇到梅兰芳时说："昨天看老一辈艺术家，今天看青年一代。你来看戏，一定很高兴吧！"梅兰芳连连点头称是。此后，在休息室里，毛泽东见到梅兰芳，对他前一天的表演给予了充分的肯定，并说："昨天你演的白娘子扮相与众不同，通身是白，唯额头上一个红缨，想得很妙。"梅兰芳十分感动，回家后对妻子说："毛主席看戏可真仔细！这么多年，从未有人谈过白娘子的扮相。的确，我是费了很多时间来研究，才改成现在这个样子的。"

迁居北京后，梅兰芳政治地位和社会地位发生了翻天覆地的变化，种种社会活动也开始日益频繁起来。但是，这丝毫没有影响他对京剧表演事业的热情，而这段时间里他所参加的演出活动中，为工农兵演出占最大的比重，其中意义最为重大的莫过于赴朝慰问演出了。

1953 年，抗美援朝战争终于结束了，部队休整

毛泽东为中国戏曲研究院题字

百年巨匠
梅兰芳
Century
Masters
Mei
Lanfang

《断桥》剧照，梅兰芳饰白素贞扮相。梅葆玖饰青蛇、余振飞饰许仙

期间，党中央决定组织一次大规模的赴朝慰问活动，由贺龙元帅担任慰问团总团长，梅兰芳、周信芳、马连良、程砚秋等京剧名家一起参加了慰问团。

慰问团第一站来到安东，志愿军战士们为慰问团准备了最好的宿舍，最好的伙食，热情周到地接待慰问团。当梅兰芳跨进宿舍，发现他的床铺旁的墙上张贴着他与斯坦尼斯拉夫斯基的合影、抗战时期留须照片以及从《人民画报》上剪裁下来的《贵妃醉酒》《奇双会》等彩色剧照时，激动的泪水模糊了双眼，他深切地感受到志愿军战士对他的热爱，真正体会到"人民艺术家"的真正含义。梅兰芳在前往前线的途中，不断地被感动着，"常不由自主地流下感动的眼泪"，他说他的所见所闻所感根本无法用枯燥的文字来表达。

有一次，演出当天天公不作美，演出过程中突然下起了大雨，为了不淋湿行当影响后来的演出，慰问团负责同志通知他停止演出。赶来看戏的两万多战士和群众都想一睹梅兰芳的风采，听说梅兰芳当晚不再出场演出，万分失望，不肯离去，要求和梅兰芳见上一面。这时，梅兰芳和马连良走出化妆室，来到舞台上，在扩音器前大声说："亲爱的同志们，今天我们慰问团的京剧团全体同志抱着十分诚意向诸位作慰问演出，可是不凑巧得很，碰上天下雨，因此不能化妆演出，非常抱歉，现在我和马连良先生每人清唱一段。马先生唱他拿手的《借东风》，我唱《凤还巢》，来表示我们对最可爱的人的敬意。"场下顿时响起了热的掌声和欢呼声，足足持续了几分钟。梅兰芳就在风雨中为志愿军战士们演唱了《凤还巢》。后来他回忆说："这一次在雨中清唱，在我数十年舞台生活中，是没有前例的，也是我在赴朝慰问演出当中最难忘的一件事。"

1953 年，梅兰芳预定在怀仁堂招待晚会上演出《游园惊梦》。演出前 3 天，毛泽东派钟灵到梅兰芳家中借汤显祖原著《牡丹亭》。梅兰芳说："《牡丹亭》传奇，经过几百年来艺人和昆曲爱好者的修改剪裁，和汤显祖的原著已有很大的不同。我用的就是流行的《遏云阁曲谱》，没有单本。"钟灵说："请你把《遏云阁曲谱》交我带回，等你唱过了送还。"他还告诉梅兰芳："主席正在看《舞台生活四十年》第一集中的《游园惊梦》一节。"过了几天，毛泽东遇到梅兰芳时，对他说："你扮演杜丽娘，深刻有诗意。"

周恩来鼓励梅兰芳赴日演出。京剧是中国的国粹，深受世界人民喜爱，梅兰芳是享誉世界的著名京剧表演艺术家，早在新中国成立前，他就前往美国、日本、苏联、波兰、法国、德国、英国等国家进行演出和文化交流，并多次接待外国友人的来访，成为当时中国的"一张名片"。新中国成立后，西方世界从政治、经济上对我进行严密的封锁。为了打破中国同世界的隔离状态，我国主动与世界各国人民开展广泛的文化交流，以增进友谊和了解。梅兰芳在这方面做了大量的有益工作，多次前往苏联、波兰等社会主义国家演出，成为名副其实的文化使节。

1956年初，周恩来约谈梅兰芳，请他率队前往日本演出。此时，梅兰芳在思想上有些顾虑，他认为自己早年为了反抗日本对中国的侵略，坚持罢演多年，现在反而要送上门去给日本演出，岂不让人耻笑？周恩来看出他心里有些疙瘩，便请他吃饭，做他的思想工作。周恩来说："发动侵华战争的是一小部分军国主义者，他们是历史的罪人。日本军国主义的侵略，受害的不只是中国人民，日本人民也深受其害。我们中国访日代表团到日本演出，是演给日本人民看的，是为了发展中日人民之间的友好情谊。中日人民世代友好了，才能防止悲剧再次发生。"他还说："你曾两次去日本演出都引起轰动，日本人民也熟悉你，这是很好的基础。去日本演出，是政治上的一件大事，也是艺术交流的重大事件。访日代表团所负的责任是打开中日两国人民的友谊大门。文化和经济是两个翅膀，现在文化打先锋开路。这次一定要打胜仗，接着我们的经济团体也将前往。"梅兰芳听了周恩来的一席话，心里一下敞亮了，愉快地接受了任务。

1956年5月，应日本朝日新闻社等团体的邀请，以梅兰芳为团长的访日京剧代表团赴日，这是新中国成立后首次大规模组团访问日本。梅兰芳深知自己肩负着国家的外交使命，他曾在1919年和1924年两次赴日演出都是个人行为，而这次他是代表国家而来的。

梅兰芳此次赴日演出并不是一帆风顺的。5月26日，梅兰芳初到日本下榻帝国饭店，就发生了一件意想不到的事情。当晚送到饭店前厅的花篮逐一被检查，结果还真发现了一枚隐藏的定时炸弹。当时距离炸弹爆炸只有半个多小时的时间，幸好华侨技术人员很快赶到并拆除了炸弹，才避免了一场灾难。经过调查，这次暗杀是由台湾的反动势力为破坏中日友好授意指使的。虽然这次活动失败，但他们并没有因此放弃破坏剧团在日本的演出，很快他们就有了新的伎俩。29 日，剧团人员收到一份内容为反对共产党、反对新中国、策反梅兰芳到台湾的报纸。当天下午剧团就召开了记者招待会表明立场。会上梅兰芳作了一个发言。他说，世界上只有一个中国，就是中华人民共和国；他是中华人民共和国的

1956 年 5 月 31 日，日本《每日新闻》刊登中国京剧代表团访日演出的消息

1956 年 6 月 6 日，《光明日报》刊登中国京剧代表团的访日活动

百年巨匠
Century
Masters
梅兰芳
Mei
Lanfang

艺术家，来进行中日人民友好活动；所以打什么主意都是徒劳的，都是不能得逞的。到了第二天，还是台湾的报纸，在头版头条刊登了一篇文章，标题叫《撼山易，撼梅兰芳难》。此后，他们想出了种种花招来对付剧团，比如雇用民用飞机在剧团楼上往下撒传单，用宣传车在剧团住的饭店门口吆喝。

尽管发生了这样的事情，梅兰芳还是镇定自若地排演剧目。在日本演出的第一出戏便是《贵妃醉酒》，戏中八个宫女不是由一般跑龙套的演员扮演，而是梅葆玖、徐玉川、姜信荣等当时已颇有名气的角儿来担任。尽管梅兰芳本身血压较高，又加之旅途劳累，但是他还是一遍又一遍地和大家一起走台，其认真态度令在场的人员钦佩不已。在开幕演出当天，反动势力又一次地搞破坏，在演出的高潮部分从剧场三楼撒传单在舞台上，全场观众骚动起来。这时候梅兰芳不动声色，照样演出，颇有那种"泰山崩于前而色不变"的风范。梅兰芳的态度感染了在场的观众，大家都安静下来，演出顺利结束，剧场掌声雷动。

梅兰芳用自己精湛的技艺和无畏的精神征服了日本观众，有的戏迷竟然一路追赴随剧团各地巡演。

梅兰芳虚心学习日本文化，遵从日本的风俗习惯，结交了很多日本朋友。他教育访日剧团的成员们，一定要入乡随俗，尊重别人的习惯。

中国访日京剧代表团秘书长欧阳山尊曾回忆和梅兰芳在日本演出期间的几件小事情。

在日本的一个温泉旅馆，曾经有两个大学教授慕名前来拜访梅兰芳先生。按照日本风俗，在温泉旅馆，客人来访必定是身着和服，行磕头礼，而主人也应该回礼。梅兰芳先生已经有过两次访日经历，对行礼的方式和过程很熟悉，所以特意在访客登门之前给欧阳山尊示范行礼。

日本茶道是一门很是讲究的学问，在日本招待客人，泡茶、喝茶都有一套严格的程序，梅兰芳也耐心详细地给欧阳山尊讲解规矩。他说，主人给你奉茶的时候，女性一般双手托杯，你也要双手来接；接过来以后，不要多喝，只喝一口，然后你转过来把你喝过的地方给她，她再喝一口，表示友好。

欧阳山尊说，梅兰芳先生之所以教授他这些，都是为了中日人民的友好。

对于前两次访日结交的好友，梅兰芳也都在演出之余一一进行了拜望。

梅兰芳这次赴日的行李中还带着一件很特别的东西：一副翡翠袖扣。梅兰芳是要用它来兑现 30 年前的承诺。

他一到日本就托人打听今井先生的下落。直到 6 月 19 日，朝日新闻社的朋友对梅兰芳说：京都方面的消息，已经找到了今井医生，明天我们游览天龙寺可能见到面。梅兰芳听了异常兴奋。

次日，等候在天龙寺的，不是今井先生，而是今井的女儿。今井的女儿今井京子手里拿着那张梅兰芳与今井一家的合影，哽咽地说道："我父亲已经在 13 年前亡故了。"13 年前是 1943 年，正是梅兰芳不堪日伪逼迫而打伤寒预防针自残的时候。如今，物是人非。今井京子含着眼泪说道："自从您走后，我的父亲常常想念您，报纸上如果登载着您的消息，他必定仔细阅读，还讲给我们听。他希望您再到日本来能够见面。"

然而，这已成了一个无法完成的愿望。

在今井家里，今井夫人揭开灵帷，露出今井泰藏的遗像。梅兰芳

百年巨匠
梅兰芳
Century
Masters
Mei
Lanfang

梅兰芳在中村雀右卫门夫人家中观看中村雀右卫门先生剧照

不觉潸然泪下。梅兰芳在这位挽救过自己生命的老友灵前献了鲜花，双手把那副翡翠袖扣供在遗像前，行追悼礼。

梅兰芳又去了中村雀右卫门家里，拜访其家人。此行他还去市川猿之助家赴了晚宴。晚宴完毕，猿之助还表演了日本古典舞《浦岛》，其中的钓鱼身段复杂而细致。猿之助先生的儿子市川端四郎和孙子市川团子还合演了《擒卉庆》，其中的武打场面，梅兰芳说"有点像京剧中《镇潭州》岳飞收杨再兴的味道"。

除了歌舞伎，梅兰芳还特别关注了日本的绘画、纺织和其他美术品。他还特别提到欣赏日本的园林 —— "亭榭无多，疏落有致，叠石引水，都适得奇妙"。如诗如画的风景，楼台山石排列精致简洁，梅兰芳陶醉于其中，深深为这种纯净细致的风格所吸引。

有人曾表示，1956年梅兰芳率团访日演出是一次打破中日两国政治关系胶着状态的"破冰之旅"。

直到今天，梅兰芳的魅力依旧留存在许多日本百姓的心中，中国梅派京剧依旧让他们痴迷。

1957年，梅兰芳的弟子程砚秋入了党，梅兰芳感到自己"落后"，不久他郑重地向组织递交了入党申请书。最早的申请书是秘书许姬传代笔，组织辨认出字迹后告诉这样不符合党章规定。在客厅西边小

日本著名歌舞伎演员市川猿之助在寓所执行梅兰芳等并当场表演助兴

梅兰芳在明治座舞台观摩《室町御所》后向市川猿之助献花（右二为梅葆玥）

书房里，梅兰芳连续几天挑灯夜战，亲笔写下入党申请书，从童年学艺开始梳理反思，写了厚厚一沓纸。程砚秋参加中国共产党，入党介绍人是周恩来同志，当梅兰芳入党时，周恩来同志曾让马少波征求他的意见，是否援例而行。梅兰芳说："总理的关怀，我很感动，他作砚秋的入党介绍人，我也感到荣幸。但我想文艺界知名人士入党的很多，如果大家都援例总理做介绍人，总理如何应付得了！我是一个普通共产党员，不应特殊，我希望中国戏曲研究院和中国京剧院的两位党委书记张庚、马少波同志作我的入党介绍人，这样，有利党对我的具体帮助。"当我汇报之后，周恩来同志兴奋地说："梅兰芳真是一位好同志！"在得知梅兰芳要求入党后，毛泽东也特别高兴，并特别指示"要加强对梅兰芳的教育，要以普通党员的姿态出现，不要特殊化"。

经过一年半的考验，1959 年 3 月 16 日，在中国戏曲研究院党支部，梅兰芳在党旗下宣誓光荣地加入中国共产党，由此，完成了从一个旧社会的名伶到新中国的党的文艺家的飞跃。当天，《人民日报》头版报道了京剧艺术大师梅兰芳入党的消息。毛泽东闻讯后，即委托秘书给国务院机关党委打电话并转告文化部党组，首先向梅兰芳致贺，同时嘱告梅兰芳要以一个普通党员的姿态出现，不要搞特殊化。梅兰芳表示永远铭记毛主席的教诲。梅兰芳入党后，主动提出取消他每月在中国京剧院拿的保留工资 2100 元，只拿他当时任中国戏曲研究院院长的文艺一级工资 336 元。对此，党组织同意了。同时，梅兰芳还提出把个人存款也全部交给党组织。党组织考虑保护个人储蓄是党的既定政策，不能因为一个人入党就要求他把个人合法收入所得的存款也交出来，因此没有同意梅兰芳上交个人存款的要求。

1949 年后，梅兰芳除了演出以外，梅兰芳还积极参与戏曲改革的研究。梅兰芳对戏曲改革并不陌生，从20年代起，梅兰芳就始终在积极推进京剧的改革，但是，他又觉得京剧改革不是轻而易举的事，在一次会上他说："京剧艺术的思想改造和技术改革最好不要混为一谈……京剧是一种古典艺术，有几千年的传统，因此，我

1959年3月，梅兰芳加入中国共产党

们修改起来，就更得慎重……"他用一句话形容——"移步不换形"。他认为"形"是京剧遵循的艺术规律和独特韵味，应该保留。虽然就句话在当时遭到了非议，但时代再次证明了梅兰芳的正确性，时至今日，"移步不换形"仍是京剧改革创新的基本原则。

这一时期，梅兰芳还有一项重要任务，就是教学。随着年龄的增长，梅兰芳更加重视艺术的传承。据记载，梅兰芳一生教传的弟子共有115人。除早期弟子徐碧云、程砚秋、李斐叔、魏莲芳及新艳秋等以外，多数弟子都是1949年以后所收。其中张君秋、李毓芳、言慧珠、杜近芳、马金凤等都在后来成为京剧名角。此时的梅宅，俨然一座戏曲学校。多年后，王志怡深情地回忆道："在梅家学戏的每一天如今想来都是历历在目，这美好的记忆如同至宝一般深藏于心。"另

百年巨匠
Century
Masters
梅兰芳
Mei
Lanfang

据梅兰芳身边人员的回忆，那时梅兰芳非常忙，但他仍专门抽出一天时间，一人在台下看李玉芙表演自己一生的最爱《宇宙锋》。"我们那时年轻，哪懂什么人物内心的刻画。"李玉芙笑着，又唏嘘着。看完表演后梅先生在后台，不厌其烦地为她一一讲解。"他就是这样，不管别人演得多差、做了什么错事，他总是说不容易啊，很难啊。"

　　梅兰芳弟子名录（按姓氏笔画）：丁至云、马小曼、马金凤（豫剧）、于素秋、王志怡、王佩瑜、王素琴、王熙春、王慧萍、毛世来、毛剑秋、云燕铭、申丽媛、白玉薇、卢燕、刘元彤、刘肖梅、刘淑华、阎立品（豫剧）、许守义、关肃霜、阳友鹤（川剧）、毕谷云、吕慧君、红线女（粤剧）、任颖华、华慧麟、言慧珠、沈小梅、沈曼华、汪剑耘、李元芳、李世芳、李玉芝、李玉芙、李玉茹、李吟香、李丽、李金鸿、李国粹、李香匀、李砚秀、李桂云（梆子）、李湘君、李斐叔、李蔷华、李毓芳、李慧芳、李慧琴、李碧慧、李薇华、李燕香、杜近芳、杜丽云、杨玉娟、杨荣环、杨秋玲、杨维君、杨慧敏、杨畹侬、张南云、张世孝、张君秋、张春秋、张志英、张曼玲、张淑娴、张蝶芬、张丽娟、陈书舫（川剧）、陈永玲、陈正薇、陈伯华（汉剧）、吴若兰、邹慧兰、范玉媛、罗惠兰、周曼如、高玉倩、高华、徐东来、徐再蓉、徐碧云、梁小鸾、唐富尧、赵文漪、赵慧娟、胡蝶、胡芝风、胡漱芳、南铁生、陶默庵、郭建英、海碧霞、贾世珍、顾正秋、顾景梅、韩淑华、秦慧芬、章遏云、黄世恩、曹慧麟、崔秀茹、童芷苓、谢虹雯、谢黛琳、喻志清、舒昌玉、程砚秋、焦鸿英、新凤霞（评剧）、新艳秋、醉丽君、冀韵兰、魏莲芳，共115人。

1959 年，为庆祝中华人民共和国成立 10 周年，65 岁的梅兰芳精心创作排演新戏《穆桂英挂帅》。

京剧《穆桂英挂帅》改编自同名豫剧，完稿于 1959 年 5 月，是梅兰芳一生排演的最后一部戏。主要描写穆桂英退隐二十多年后，因西夏屡屡犯境，宋王又拟起用杨门女将。但穆桂英深憾于朝廷对杨家将的寡恩薄义，不愿挂帅出征，经佘太君劝导，勉以国事为重，重新燃起她一腔报国热情，乃毅然誓师挂帅，慷慨出征的故事。"老太君她还有当年的勇，穆桂英我就无有了当年的威风？我不挂帅谁挂帅，我不领兵谁领兵！"充满了惊天动地的浓重色彩，也反映了梅兰芳晚年报效新中国的豪情壮志！

《穆桂英挂帅》的剧本改编由陆静岩、袁韵宜两位女编剧执笔，由著名导演郑亦秋执导，徐兰沅设计唱腔，除梅兰芳主演穆桂英外，还有李少春、袁世海、李和曾、李金泉、梅葆玥、梅葆玖、夏永泉、杨

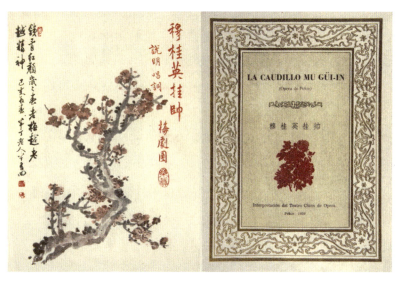

梅兰芳演出《穆桂英挂帅》说明书封面

秋玲等名角、新秀加盟，阵容十分坚挺。梅兰芳对于穆桂英这个角色有着很深的感情，对于排演这出戏的过程和当时的心境，梅兰芳曾在《再度塑造一位爱国女英雄 —— 穆桂英》一文中和详细的描写。他曾经说道：

> 穆桂英这个角色，对我来说是不陌生的。早在四十年前，我就演过她青年时代一段恋爱故事的戏 ——《穆柯寨》《枪挑穆天王》。这虽是写她恋爱故事的戏，但却表现了她的聪明、天真、勇敢而且富有爱国思想，我非常喜爱这个人物，不断演出这两出戏因而和她结下了深厚的感情。这个角色在京剧里由刀马旦应行。我们所谓旦行是个总名，里面还分许多类别。我幼年开蒙是学的青衣，后来兼演了闺门旦、花旦和刀马旦。如果要拿文戏武戏来区分的话，前三类纯粹是文戏，后一类就接近武戏了。以上四类角色，各有它的表演方法，可以这样说，闺门旦比较接近青衣，花旦比较接近刀马旦。我学刀马旦，第一出戏就是《穆柯寨》。我既熟悉穆桂英的人物性格，按照这次排演过程中，应该是驾轻就熟，毫不费力了；可是，实际上事情并不这样简单。过去我只是以刀马旦的姿态塑造了她的青年形象，而这出戏里的穆桂英却是从一个饱经忧患、退隐闲居的家庭妇女，一变而为统率三军的大元帅，由思想消极而转到行动积极。从她半百年龄和抑郁心情来讲，在未挂帅以前，应该先以青衣姿态出现。像这样扮演身兼两种截然不同行当的角色，我还是初次尝试。

在这出戏排演结束的时候，梅兰芳还将这出戏和他二十年前排演新戏的情况做过一个对比，他曾说：

拿我最近排演《穆桂英挂帅》和二十年前排新戏的情况对比一下，工作方法显然是大大改进了。从前一出新戏的出现，经过找题材、打提纲、写总本、抄单本几个阶段以后，每个演员先把单本背熟了，大家凑在一起说一说，再响排几次，就搬上舞台和观众见面了。如何创造角色，全靠演员自己的体会，但他们看不到总本，对剧情不够全面了解，因此体会上就不容易深入。这种老的排戏方法，只有个人的思考，没有集体的研究和总结的效能。现在我们建立了导演制度，起着很大的作用。导演是了解全剧内容的，他可以先对每个演员做一番分析人物性格的工作，这一点已经给了演员不少的帮助。我排新戏有导演，还是第一次。这次的经验告诉我：导演要做全剧的表演设计，应该有他自己的主张，但主观不宜太深，最好是在重视传统、熟悉传统的基础上进行创造，也让演员有发挥本能的机会，发现了问题，及时帮助解决，有时候演员并不按照导演的意思去做而做得很好，导演不妨放弃原有的企图，这样就能形成导演和演员之间的相互启发，集体的力量比个人的智慧大得多。我们得到了中国京剧院导演郑亦秋同志的协助，他是属于熟悉传统表演，又能让演员们发挥本能的导演。

1959 年 5 月 25 日，《穆桂英挂帅》在北京人民剧场首演，同年 10 月初又作为国庆 10 周年的献礼剧目在京公演。这个戏以其激励人心的思想内容和近乎完美的艺术表现，赢得了专家和广大观众的一致好评和社会各界的强烈反响。著名旦角演员于连泉（筱翠花）在《老当益壮》的文章中说："梅先生的艺术已到炉火纯青的地步，六十多

百年巨匠
Century
Masters
梅兰芳
Mei
Lanfang

《穆桂英挂帅》剧照。梅兰芳饰穆桂英

岁的人了，还是嗓子是嗓子，扮相是扮相，腰腿灵活，身上、脸上，一招一式，坦坦然然，水袖清清楚楚，跑起圆场来，脚下轻、稳、快，叫人看了舒服松心，确实难能可贵。"剧作家景孤血尤其欣赏"捧印"一折，认为梅兰芳"一个人演满台"：

在梅兰芳唱"穆桂英二十年未临战阵"以后，台上气氛突变，随着打击乐的音响提高，顿时把戏引入一种"铁骑突出刀枪鸣"的意境里面，使人人感到风云变色，山雨欲来，我们再看梅兰芳，变了！他完全变了！他虽然仍是梳着大头，穿着蓝花帔，可是已经变成了一位"婀娜将军"！他那眉头由敛而舒，面容由嗔作喜，麾舞长袖，比划出刀枪式子，一来一往，掠影翩翩，就好像在旌旗丛中驰骋大漠。他的唱腔意味也变了！一段流水板，有如珠走玉盘，却是每个字都像剑锋般地锐利。应当特别指出，此时他的一只手还在拿着黄布包装的印盒，实际上只用单袖麾舞；最后，他连那只拿着印盒的手指也变了样！从他那拿印盒的手姿和手劲上也可看出：先前看成是身外之物的"印"，此时却变成血肉相连了；而那手式之美也就是说连手上都有了更多的"戏"，无怪当他把那黄布包装着的印盒从掌心上高高擎起的时候，台下已是再一阵地掌声如雷了。这一场戏，假如说梅兰芳是一只凤，他就像给空台上布满了彩云；假如说梅兰芳是一条龙，他就像给空台上激满了海水。而实际上台却还是空台，只凭他那飒飒洓洓的演技，不但是充满了台，而且还使满台欲动。

周恩来总理看了戏后，对梅兰芳说："这个戏很好，看得出是你舞台生活四十年的集中表演，也是你老年的代表作。"1961 年 5 月 31 日晚上，梅兰芳应中国科学院之邀，率领梅剧团到北京西郊中关村为科学家们演出了《穆桂英挂帅》。郭沫若先生看过此剧后激动地写道："你把穆桂英真正演活了，大家都为你的高度优美的艺术风格而感到鼓舞，感到忘我的虔诚，感到陶醉。中关村科学院的礼堂实在太小了，但有你在台上演出，使那小小的礼堂成为无限大的宇宙。在那儿真是充满了光辉，充满了愉乐，充满了肃静，充满了自豪，充满了生命，充满了美。真的，我们的民族有了你这个儿子，我们的党有了你这个儿子，难道不足以使人们自豪吗？不足以使人们高度地自豪吗？"

谁也没有想到，这次演出成为梅兰芳一生的最后一次演出。从1960年开始梅兰芳开始经常感觉到左胸疼痛。再过一年，疼痛加剧。演完最后一场《穆桂英挂帅》后，他被确诊患有心脏病。1961年7月

郭沫若与梅兰芳（穆桂英妆）合影

百年匠匠
Century
Masters
梅兰芳
Mei
Lanfang

30 日，星期日，梅家全家人都在家休息。午饭后，梅兰芳突然胸痛发作，平卧在床，面无血色。家人赶紧给他服了硝酸甘油，他艰难地说："痛苦没有减轻，再给一片。"医生来了，梅兰芳不让别人帮忙，下床更衣，独力缓缓行至大门。他好像有特别的预感一般，蓦地停住，回头环视了一圈这个居住了十年的小院。周恩来总理闻讯赶来，劝梅兰芳听医生的话，等完全恢复，到哪里演戏都行。这时梅兰芳感觉很好，医院也撤了氧气瓶等抢救设备。8 月 8 日凌晨，梅兰芳吃了几块饼干，再躺到床上时，心脏突然停跳。

1961 年 8 月 8 日 4 时 45 分，梅兰芳逝世，享年 67 岁。

报纸刊登的梅兰芳病逝消息及梅兰芳治丧委员会名单

梅兰芳逝世后《人民日报》头版发表大幅讣告。8 月 10 日上午，北京首都剧场举行梅兰芳追悼大会，陈毅副总理主持，文化部副部长齐燕铭致悼词，悼词肯定梅兰芳艺术巨匠的一生："梅兰芳同志是我国当代卓越的戏曲艺术家，他的优秀的表演艺术，在我国戏剧发展史上树立了光辉的里程碑，在国际上也有广泛的影响。他是我们同代和后辈戏剧艺术工作者学习的榜样"。

百年巨匠
梅兰芳
Mei
Lanfang
Century
Masters

再度塑造一位爱国女英雄——穆桂英（节选）

——梅兰芳自述十

　　1959年是我们建国的十周年，为了迎接这个伟大的国庆节日，全国戏曲界掀起了如火如荼的庆祝高潮。各地剧种纷纷排演了精彩节目，有历史戏，也有现代剧，陆续来到首都作预展演出。我已看到许多好戏，有的是成熟的艺人们演的，也有戏曲学校的小学生演的。总起来说，人人鼓足干劲，认真表演，准备在国庆节日大显身手，以满足怀着欢欣鼓舞心情的广大观众的要求。在这百花齐放、万紫千红的光辉气象中，我不例外地也要为国庆献礼而努力。因此把要到西南地区作巡回演出的原定计划放弃了，在北京花了两个月的时间，排演了一出《穆桂英挂帅》。

　　……

　　穆桂英这个角色，对我来说是不陌生的。早在四十年前，我就演过她青年时代一段恋爱故事的戏——《穆柯寨》《枪挑穆天王》。这虽是写她恋爱故事的戏，但却表现了她的聪明、天真、勇敢而且富有爱国思想，我非常喜爱这个人物，不断演出这两出戏，因而和她结下了深厚的感情。

　　……

　　《穆桂英挂帅》全剧共有八场戏，我只来谈谈穆桂英的三场戏：

　　第一场（全剧的第二场）《乡居》，是写杨家听到西夏犯境的消息，佘太君虽已多年来不问朝政，不免还要关怀国事，她命杨金花、杨文广进京探听朝廷如何应敌的措置。穆桂英顾虑到奸臣在朝，汴京是非之地，不赞成派这两个年幼不懂事的儿女们进京。这里有四句西皮原板，说出她的意见。后经儿女们一再恳求，杨宗保又从旁解说，也就不坚持了。这场戏里穆桂英是梳大头，穿蓝帔，道地的青衣打扮。她的事情虽然不多，但一上场就应该把她二十年来一肚子的不痛快从脸上透露出来，使观众对她的苦闷情绪先有一种感觉，这样做，不但对本场的不赞同派儿女进京有了线索，而且是后面不愿挂帅的根源。

第二场（全剧的第五场）《接印》，是全剧的主要场子，这里面唱得多，动作表情多，思想转折多，有必要把穆桂英随着剧情发展而逐步深入的内心活动，分成几个阶段来详细介绍一下：

她刚出场唱的四句西皮慢板，是说她深恐儿女们在外遭到奸臣的暗算，盼望他们早回。这是"挂念"阶段。跟着儿女们回来，向她叙述他们在汴京校场比武，刀劈王伦，宋王命她挂帅的经过。她一见帅印就勾起痛心的往事，严斥杨文广不该在外闯祸，还抱印回家，一时的激动，使她竟要绑子上殿，交还帅印。这是"愤慨"阶段。下面佘太君出场，问她为何不愿挂帅？她有大段〔二六〕，说明宋王朝平日听信谗言，把杨家将累代功勋置之脑后，一旦边防紧急，又想起用旧人，实在使她寒心，不如让朝廷另选能人吧。这是"怨诉"阶段。后来接受了佘太君的劝勉，答应挂帅，佘太君很喜欢地下了场，她正准备改换戎装，耳边听到聚将擂鼓之声，立刻振起当年奋勇杀敌的精神。这里唱一段〔快板〕描写她情绪高涨。这是"奋发"阶段。

这出戏的主题，是从穆桂英的不愿挂帅反映宋王朝的刻薄寡恩，又从她的愿意出征表现本人的爱国精神，剧本这样安排是完全适当的。但是穆桂英刚从不愿出征转变过来，紧跟着就是闻鼓声而振奋，这地方接得太快了，对于角色的情绪还没有培养成熟，这样制造出来的舞台气氛，好像不够饱满。同时，我体会到这位女英雄究竟有二十多年没打过仗了，骤然在她肩上落下这副千斤重担，必定有一些思想活动，这里也有必要给她加一段戏。首先，我想到在送走了佘太君，场上只剩穆桂英一个人的时候，给她的思想里加上一层由决定出征而联系到责任重大，如何作战的事前考虑。但这一思想斗争必须结束得快，慢了又会影响后面的高潮，又因为前面的"怨拆"和后面的"奋发"各有大段唱工，这里不宜唱得太多，大段独白更安不上。这不过是初步计划，如何实现还没有思考成熟。

有一天我看到河北梆子跃进剧团一位青年演员演的，《穆桂英挂帅》里《接印》一折，她在穆桂英的思想转变过程中有左右两冲的身段，启发了我，使我很快地就联想到《铁笼山》的姜维观星，《一箭仇》的史文恭战罢回营，都有低着头揉肚子的身段，何不把它运用过来呢？根据这个意图，我大胆地采取了〔九锤半〕的锣鼓套手，用哑剧式表演，纯粹靠舞蹈来说明她考虑些什么。

〔九锤半〕的打法，锣声有时强烈，有时阴沉，一般是在武戏里将领们出战以前，个人在估计敌情，作种种打算时用的，锣声有强有弱，是为了表达思潮的起落，文戏里向来少用，青衣采用则更是初次尝试。

剧本初稿在这里有六句唱词，"二十年抛甲胄宝剑生尘，一旦闻配鞍马再度出征，为宋王我本当纳还帅印，怎当那老太君慈训谆谆，一家人闻边报争先上阵，穆桂英岂无有为国为民一片忠心。"我上面不是说过这里不宜多唱吗？所以我把它减为这样四句："二十年抛甲胄未临战阵，今日里为保国再度出征，一家人闻边报雄心振奋，穆桂英岂无有为国为民一片忠心。"等到身段的时候，又发现了唱词和表演有了矛盾。我的目的是要把这段哑剧式表演放在第三句后面，才能用第四句结束这段思想过程，如果放在第四句唱完之后，紧接着听到鼓声，就有层次纠缠不清的毛病。因为这两个转折的层次，前者用〔九锤半〕，后者用〔急急风〕，节奏都非常强烈，一定要把它们隔开才对。我原意是想加强"奋发"气氛，像那样叠床架屋，是起不了作用的，而且没有机会让思想考虑得到结束，但正碰上第三句唱词是"一家人闻边报雄心振奋"，这句下面紧接着考虑动作，那就坏了，变成她考虑的是要不要打起精神来保卫祖国的问题，岂不大大损害了这位有爱国思想的女英雄吗？我只好把原词再度改动如下："一家人闻边报雄心振奋，穆桂英为保国再度出征，二十年抛甲胄未临战阵，难道说我无有为国为民一片忠心。"前两句是表明她决定出征的态度。唱完第三句"二十年抛甲胄未临战阵"，哑剧开始，我挥动水袖，迈开青衣罕用的夸大台步，从上场门斜着冲到下场门台口，先做出执戈杀敌的姿势，再用双手在眉边做揽镜自照的样子，暗示年事已长，今非昔比，再从下场门斜着冲到上场门台口，左右各指一下，暗示宿将凋零，缺乏臂助，配合场面上打击乐的强烈节奏，衬托出她在国家安危关头的激昂心情。其实，她所考虑的两个问题根本都得不到结论，所以等我转到台中间，着重念了一个"哎"字，叫起锣鼓来唱第四句"难道说我无有为国为民一片忠心"，把当时的顾虑扭转过来，这句唱是对自己说：何必多虑呢？仗着保国卫民的忠诚去消灭敌人好了。这是我在"怨诉"和"奋发"的中间加的"考虑"阶段。多此一番转折，好让观众先嗅到一点战争气味，为后面的高潮造成有利条件。

按照文气来看，现在的三、四两句好像不甚衔接，这是因为我的哑剧里包含着不少无声语言，"哎"字一转，结束上文，下句是可以另起的。

下面，我背着手，脸朝里，听到鼓角齐鸣的声音，先向后退两步，然后冲到上场门口，把双袖一齐扔出去，转过身来，脸上顿时换了一种振奋的神情，仿佛回到了当年大破天门阵百战百胜的境地，走半个圆场到了下场门口，转身搭袖，朝里亮住，这时场面上又加了战马声嘶的效果，更增强了气氛，转身接唱〔快板〕后，跨进门，得意扬扬地捧着帅印唱出"我不挂帅谁挂帅，我不领兵谁领兵"的豪语。末两句："叫侍儿快与我把戎装端整，抱帅印到校场指挥三军。"从军字行腔里走一个圆场，回到台的正中，再对着上场门台口上一步，亮住了相，威风凛凛地转身捧印进场。

穆桂英在她的第一场里穿帔，第三场里扎靠，都有成规可循，唯独第二场的后半截最难处理，她还是穿的青衣服装，怎样才能显出英武气概呢？这两种行当和表演方法根本矛盾，的确是个难题。我从哑剧开始一直到捧印进场，一切动作，比青衣放大些；比刀马旦文气些，用这种方法把两类行当融化在一起，还要使观众看了不成到不调和，这只能既是我在摸索中的大胆尝试，做得不够满意，还有待于不断的加工。

我常演的《宇宙锋》里装疯的赵女念到"我要上天""我要入地"两句时，也有左右两冲的身段，表现的是疯子模样，只比一般青衣的步子走得快些，动作放大些。穆桂英是员武将，她的两冲要显出作战精神，我加上了蹉步，走得比赵女更快些，动作也更夸大些。从表面上来看，这两个角色都是夸大青衣的表演，而骨子里有程度深浅的不同，如何做得恰如其分？全靠舞台实践，火候到了，自然就会掌握。

我从前看过孙菊仙老先生演的《浣纱记》这戏里的伍子胥，头戴高方巾，身穿蓝褶子，是老生扮相，老生应行，因此，一般演员都按老生表演，和祢衡、陈宫没有多大差别。孙老先生塑造的伍子胥形象，却不是这样，他一出场就把马鞭子扬得高高的，身上的架子，脚下的台步，都放大了老生的动作，加上他那种高亢宏大的嗓子，英武愤激的神态，气派真不小，使人一望而知是那位临潼斗宝的英雄人物。这种塑造人物的方法，对我今天处理第二场的穆桂英是起着借鉴作用的，所不同的地方，他只是放大动作，而文戏的锣鼓节奏没有变动，我这次采用了武戏的锣鼓套子，进一步要具体地做出临阵交锋的姿势，换句话说，文戏打扮，武戏节奏，比他更为费事。

　　我的老伙伴李春林先生对我说，这场戏的穆桂英，又是青衣，又是刀马旦，京戏里从来没有见过，您安身段，千万注意别"拉山膀"。他的意思是怕我安的身段和服装扮相不调和，这种想法很高明。李先生大我两岁，他过去常陪着杨小楼、余叔岩先生等演戏，见的多，知道的多，有丰富的实践经验，给我把场多年，他在后台常提醒我：哪里身段重复了，哪里部位不够准确，哪里表演不够明显，哪地方多啦，哪地方少啦。三十年来，我得到他的帮助非常之大。我常对青年演员们说：多向老前辈请教，要请他们不客气地指出缺点来，能教的请他们教一教，不能教的请他们谈谈表演经验也是好的。因为我就是从这条道路走过来的。

　　这场戏里穆桂英上场，最初剧本的规定是，念完两句诗，就上杨金花、杨文广。我感到前一场他们刚在校场比武，打得很热闹，这里有必要使舞台气氛沉静一下；同时，这出戏里没有〔慢板〕唱工，缺乏主曲，总觉得不够完整，我把念两句诗改为唱四句〔西皮

百年巨匠
梅兰芳
Century
Masters
Mei
Lanfang

慢板〕，说出穆桂英的盼儿心切。唱词用的是人辰辙，好像《汾河湾》的柳迎春在挂念丁山，但柳迎春只是单纯的慈母盼儿心肠，穆桂英却含有两种顾虑，一是急于要知道朝廷如何应敌的消息，二是怕奸臣对小孩们进行迫害。两个人盼望的心情不同，就不能用同样办法来处理。现在，我唱这四句的时候，是按照后一种心情来表演的。

第三场（全剧的末场）《发兵》，是写穆桂英在出征以前，检阅队伍和教训儿子的两桩事情。她在幕内唱完〔西皮倒板〕，八个男兵，八个女兵，四个靠将和一个捧印官先在〔急急风〕里快步上场，这地方最初想按一般演法"站门"上，后来考虑到我在队伍当中要唱十句，时间较长，我的活动范围会受到拘束，因此改用了"斜一字"上，分三行在下场门边站齐，然后穆桂英披蟒扎靠，戴帅盔，插翎子，抱着令旗宝剑，背后高举着"穆"字大纛旗，在〔慢长锤〕里扬鞭出场，接唱三句〔西皮原板〕，是说军容的整齐。唱完了，队伍又扯到上场门边，同时，杨宗保、杨金花、杨文广全从下场门出场，就站在下场门边，穆桂英转到台的中间，见了丈夫和儿女们一个个人身披挂，雄赳赳，气昂昂，站在面前，立刻使她回忆到少年光景，这里有六句唱词："见夫君气轩昂军前站定，全不减少年时勇冠三军；金花女换戎装婀娜刚劲，好一似当年的穆桂英；小文广雄赳赳执戈待命，此儿任性忒娇生。"我从第二句起改唱了三句〔南梆子〕。〔南梆子〕曲调比较悠扬宛转，容易抒写儿女亲切缠绵的情感，用来表达穆桂英的青春思潮，跟我那时脸上兴奋愉快的神态相结合，是再适宜也没有的了。对杨文广唱的两句，指责他有任性的缺点，那就不能再用这个曲调了，所以又转回〔西皮原板〕，这两种曲调的板眼尺寸本来接近，来回倒着唱，听了是不会感到生硬的。

角色在戏里换调创腔，让观众耳音为之一新，只要不是无原则的编造，不是一味标新立异耍花腔，掌握了腔调里的情感，那是好的。程砚秋同志在祝英台《抗婚》里创造了一个哭头下干唱的新腔，台词是："老爹爹你好狠的心肠。"从声腔里充分地传出了祝英台有说不出来的一肚子怨气。这的确是个深合剧情的好腔。它的特点是刻画封建社会的女儿，不敢当面骂父亲，但被顽固的老头儿压迫过甚，逼得她无路可走，终于不能不透露出一点痛苦之声。再说京剧里角色于唱一句，习惯上往往用在遇到左右为难的时候，正合乎祝英台不敢说又不能不说的两难心理，所以砚秋同志不是孤立地创制新腔，妙在既好听，又充满了情感，用的场合更十分恰当，而且还不离开传统法则。近来有些青年演员常常采用这个好腔，我希望大家注意到达一点：如果剧中人不受祝英台那种环境的束缚，而是可以尽量发泄自己的悲痛的场合，也使用了它，恐怕说服力就不大了。

穆桂英进了校场，拜印，坐帐。跟着奉旨犒军的寇准上场，对杨文广大加夸奖，引起了这位杨家小将藐视敌人的言论，穆桂英借此要给儿子一个严厉的警戒，传令问斩。杨宗保和众将一再求情，全不答应，最后按受寇准的讲情，才饶恕了他，当众将求情时，按照传统表演方法，一般都在〔乱锤〕里搊双翎，两手抖着向两旁将士们看。我这次小有变化，搊着双掴，向外亮住，先不抖双手，用眼偷看寇准，然后抖右手看右边，转过脸来再抖左手看左边。我的意思是说，穆桂英首先想窥探寇准的态度，他究竟识破我的用意没有？等看到寇准若无其事地坐在一旁，知道这种老于世故的寇天官已经懂得我的作用，他必然会来讲情的，那就不妨放开手来做，坚决拒绝众将的请求，加重对儿子的打击。《群英会》周瑜打黄盖时，也有偷看诸葛亮的做派，当年程继仙先生演得最传神，我就拿来借给了穆桂英。同样都是偷看，目的却大相悬殊，周瑜是唯恐诸葛亮识破他的巧计，穆桂英是希望寇准了解她的苦心。

下面，佘太君到校场送行，勉励了后辈们几句话，穆桂英就告别佘太君、寇天官，率领全军，浩浩荡荡地向战地出发，全剧到此结束。

……

《穆桂英挂帅》是豫剧的老剧目，京剧中原来没有。四年前我在上海第一次看到豫剧马金凤同志演的《穆桂英挂帅》，引起了我的注意，因为我虽然和穆桂英做了四十年的朋友，还不知道她的晚年有重新挂帅的故事。她那老当益壮的精神，使我深深感动，我们有着情感上的共鸣，因此，今年我就决计把这株豫剧名花移植到京剧中来。

我们现在有着三百多个地方剧种，发掘出五万多个传统剧目，这笔丰富多彩的遗产，保存在各剧种里，向来是可以彼此移植的，但各剧种的风格不一样，移植的时候，不要忘记了自己的本来面貌。我演的《穆桂英挂帅》，有些变动豫剧的地方，就是为了风格的关系。例如：《乡居》一场，豫剧是杨宗保、杨思乡（宗保之弟）、穆桂英先后上场，各唱一段〔慢二八〕，穆桂英唱的最多，有二十句唱词，每人进门参见佘太君后默默地坐在一旁，大家见面都没有一句念白。这是豫剧的传统表演方法，着重多唱，并且以唱代白（这三个角色的最末两句唱词里都有问太君好，向太君请安的话）。京剧就不能这样处理了。我们是杨宗保上唱两句，穆桂英上念两句，进门见了佘太君都有对白。《发兵》一场，豫剧的穆桂英出场有几十句唱，台下听得十分痛快，认为是个主要场子。放到京剧来又不合适了，所以我只唱十句，这不是说我年纪大了，怕多唱，即便让有嗓子的青年演员来演，也不可能连唱几十句。从上面两个简单例子来看，已经能够说明不同剧种必然会有不同的表演方法。

近年来戏曲界有了一种倾向，道白和锣鼓点喜欢学京剧，旦角的化装和服装喜欢学越剧。学习兄弟剧种的好东西，谁都不会反对，如果因而丢掉了自己的特点，破坏了原有的风格，也是值得考虑的。

......

1959年9月

百年巨匠
梅兰芳
Century
Masters
Mei
Lanfang

　　1955年，梅兰芳先生曾经给年轻一代留下寄语，其中几句话，言语朴实、真挚却充满睿智，意味深长，恰可概括他自己的一生："热爱你的工作，老老实实地从事学习，努力艺术实践，不断地劳动不断地锻炼，不断地创造，不断地虚心接受群众的意见，严格地进行自我批评，为着人民，为着祖国的灿烂美好的未来，贡献出我们的一切！"

《穆桂英挂帅》剧照，梅兰芳饰穆桂英

参考书目

◎ 梅兰芳：《移步不换形》，百花文艺出版社，2000 年。

◎ 梅兰芳：《舞台生活四十年》，中国戏剧出版社，1989 年。

◎ 刘彦君：《梅兰芳传》，河北教育出版社，1996 年。

◎ 周兵：《梅兰芳影像志》，当代中国出版社，2009 年。

◎ 李伶伶：《梅兰芳全传》，中国青年出版社，2001 年。

◎ 翁思再：《非常梅兰芳》，中华书局，2009 年。

◎ 李仲明、谭秀英：《曲未终人已远：梅兰芳家族》，新星出版社，
2017 年。